Mia Rubin

Die 5 Pfeiler positiver Psychologie

Wie Sie sich ab sofort von den Fesseln negativer Gedanken befreien, eiserne Resilienz trainieren und zu einem Leben voller Glück finden (inkl. Übungen & Workbook)

INHALT

Vorwort – Was ist positive Psychologie?

Wir leben in einer paradoxen Zeit, noch nie ging es den Menschen in der westlichen Welt besser. Medizinische Versorgung, Grundversorgung mit Nahrungsmitteln, Genuss und Luxus, alles ist im Überfluss vorhanden und noch nie war die durchschnittliche Lebenserwartung so hoch wie heute. Doch paradoxerweise war auch die Anzahl an Menschen mit psychischen Erkrankungen, insbesondere Depressionen, noch nie so hoch wie zur heutigen Zeit, Tendenz steigend. Schätzungen der WHO (Weltgesundheitsorganisation) zufolge werden Depressionen bis zum Jahr 2030 die häufigste Ursache für gesundheitliche und daraus resultierend auch für wirtschaftliche Beeinträchtigungen sein.

Anscheinend mangelt es den Menschen an Glück, und zwar umso mehr, je besser sie versorgt sind. Diese Fakten machen eines deutlich: Die Erforschung positiver Gefühle, genauer gesagt, die Erforschung des Glücks, ist für unsere Gesellschaft zwingend notwendig geworden.

Genau damit befasst sich die positive Psychologie: mit der wissenschaftlichen Untersuchung menschlichen Wohlbefindens und den darauf Einfluss nehmenden Faktoren. Deshalb wird die positive Psychologie im Volksmund häufig auch als sogenannte „Glücks-Psychologie" bezeichnet. Doch neu ist dieses wissenschaftliche Forschungsgebiet nicht.

Der Name ‚positive Psychologie' existiert zwar erst einige Jahrzehnte und die offizielle wissenschaftliche Forschung begann erst in den 1970er-Jahren, doch bereits antike Philosophen wie Aristoteles (384 – 322 v. Chr.) beschäftigten sich mit der Frage, was Menschen glücklich macht und wie sich dieser Zustand möglichst dauerhaft etablieren lässt. In seinem Werk „Nikomachische Ethik" (Aristoteles: Nikomachische Ethik. Artemis & Winkler, Düsseldorf 2001) legte der Philosoph Bedingungen für

Wohlbefinden fest, die bis heute ihre Gültigkeit behalten haben. Seiner Einschätzung nach sind es vor allem bestimmte menschliche Tugenden oder Charakterstärken, deren Entwicklung und Perfektionierung sowie ihr Einsatz zum Wohle anderer Menschen zu erhöhtem Wohlbefinden führen.

Einer der ersten Wissenschaftler unserer Zeit, die diese Frage aufgriffen, war der Psychologe Mihaly Csikszentmihalyi, der sich Mitte der 1970er-Jahre der Erforschung von Glücksgefühlen widmete. Er fand heraus, dass Glücksgefühle besonders dann entstehen, wenn Menschen mit ihrer Tätigkeit auf eine Art verschmelzen, dass sie die Zeit und alles um sich herum vergessen. Dies gelingt nur, wenn zwischen den gestellten Anforderungen und den persönlichen Fähigkeiten des Menschen ein Gleichgewicht besteht. Es darf also weder Über- noch Unterforderung bestehen, um diesen Zustand erreichen zu können, den er als ‚Flow' bezeichnete. Seine Forschungen und Erkenntnisse machten Csikszentmihalyi zum Vorreiter der positiven Psychologie, und das zu einer Zeit, in der sich die klinische Psychologie bisher ausschließlich mit der Erforschung negativer Gefühlszustände befasst hatte.

Der wohl bekannteste Name im Zusammenhang mit der positiven Psychologie dürfte jedoch der des US-Psychologen Martin Seligman sein, der sie Ende der 1990er-Jahre zu einem eigenen Forschungszweig machte, der sich deutlich von der klinischen Psychologie abgrenzt. Ziel dieses Forschungszweigs ist es, die Faktoren zu ermitteln, die Wohlbefinden und Glücksgefühle steigern, und herauszufinden, wie Menschen lernen können, optimistischer und dadurch glücklicher und effizienter zu sein. Dies führt uns auch zu einem der häufigsten Kritikpunkte der positiven Psychologie: Dass sie sich besonders darauf zu konzentrieren scheint, Menschen in ihrer Arbeit effizienter zu machen, auch wenn dies vorrangig geschieht, um ihnen das Gefühl von Selbstwirksamkeit und somit Glück zu verleihen. Kritiker behaupten, in der positiven Psychologie ginge es im Grunde nur darum, bessere und effizientere Arbeitskräfte zu schaffen, die zudem noch zufrieden damit sind, ihre Arbeitskraft in die Gesellschaft einzubringen. Dabei ließe sich dauerhaftes Glück nicht durch eine erfüllende Arbeit allein erreichen.

Somit wird deutlich, dass auch die positive Psychologie nicht alle Antworten auf die Frage nach dem Glück liefern kann; die Grundlagen dafür sind jedoch bereits sehr gut erforscht. Einzig den Faktor der physischen Gesundheit und Kondition lässt dieses Forschungsfeld außen vor, wobei es doch maßgeblichen Einfluss auf unser Glücksempfinden hat. Aus diesem Grund werden wir uns in diesem Buch nicht nur mit den Erkenntnissen der positiven Psychologie befassen, sondern mit sämtlichen Faktoren, die für ein glücklicheres, zufriedeneres und erfüllteres Leben von Bedeutung sind.

Dem Glück auf der Spur

Damit Sie in der Lage sind, Ihr Leben glücklicher und zufriedener zu gestalten, ist es zunächst wichtig, dass Sie verstehen, was Glück eigentlich ist und auf welche Art es sich erreichen lässt. Der US-amerikanische Psychologe Martin Seligman hat die Grundpfeiler, auf denen Glück basiert, durch jahrelange Forschung herausgearbeitet und hat dann, entsprechend den Ergebnissen, zwei Modelle aufgestellt, die Glück bedingen.

Dabei handelt es sich zum einen um das PERMA-Modell, zum anderen um die sogenannten ‚Glücks-Tugenden', die gewisse Charaktereigenschaften beschreiben, deren Herausbildung und Kultivierung für ein langfristig glückliches Leben unabdingbar sind. Beide Modelle möchte ich im Folgenden eingehend beleuchten.

DAS PERMA-MODELL ODER DIE FÜNF SÄULEN DES GLÜCKS

Der Name ‚PERMA-Modell' ist ein Akronym und setzt sich aus den Anfangsbuchstaben der Bausteine zusammen, die Seligman durch seine Forschungen als Grundpfeiler des Glücklichseins festgelegt hat: Positive Emotionen, Engagement, soziale Beziehungen (engl. Relationships), Sinn-Erleben (engl. Meaning) und Zielerreichung (engl. Achievement).

Die erste Säule des Glücks: Positive Emotionen

Positive Emotionen sind nicht direkt mit Glück gleichzusetzen, immerhin existiert eine Vielzahl davon auf der menschlichen Emotionsskala und Glück oder vielmehr Glücklichsein könnte man als die obere Spitze dieser Skala betrachten. Nun ist es leider so, dass das Fehlen negativer Gefühle allein nicht ausreicht, um Glück zu empfinden. Viele Menschen befinden sich emotional in einer Art Tiefschlaf, in der sie kaum irgendwelche Emotionen erleben, weder negativer noch positiver Natur. Was auf den ersten Blick wie Ausgeglichenheit wirken mag, führt jedoch sicher nicht dazu, dass diese Menschen glücklicher als andere bzw. überhaupt glücklich sind.

Um dauerhaft überwiegend positive Emotionen erleben zu können, braucht es einen bewussten Umgang damit. Der Mensch muss in der Lage sein, seine Emotionen zu verstehen und zu verarbeiten, denn nur so ist gewährleistet, nicht in negativen Gefühlen steckenzubleiben. Sowohl für positive als auch für negative Gefühle kann man sich aktiv entscheiden, vorausgesetzt, man ist sich seiner Emotionen überhaupt bewusst und hat gelernt, mit diesen auf eine konstruktive Art umzugehen. Es handelt sich also um Fähigkeiten, die wir alle im Lauf unserer Kindheit mit Unterstützung unserer Eltern gelernt haben sollten. Die Realität sieht meist jedoch etwas anders aus, denn der bewusste Umgang mit Gefühlen ist etwas, dass erst in der heutigen Zeit in den Mittelpunkt des öffentlichen Interesses gerückt ist.

Somit profitiert im Grunde erst die neue, noch heranwachsende Generation von diesem Paradigmenwechsel. Die vorigen Generationen und somit alle heutigen Erwachsenen hatten nur in Ausnahmefällen das Glück, emotional kompetente Eltern zur Seite zu haben, die ihnen diese Fähigkeiten hätten beibringen können. Dies könnte man als einen der Hauptgründe betrachten, warum Depressionen in unserer Kultur zur Volkskrankheit geworden sind. Die **US-amerikanische Psychologin Barbara Fredrickson**, die ebenfalls im Bereich der positiven Psychologie forscht, hat dabei **zehn positive Emotionen** aufgedeckt, **die** einen besonders starken **Einfluss darauf haben, wie glücklich und zufrieden wir als Menschen durchs Leben gehen:**

- Liebe
- Dankbarkeit
- Ehrfurcht
- Hoffnung
- Interesse
- Inspiration
- Spaß
- Freude
- Heiterkeit
- Stolz

Mangelt es am regelmäßigen Erleben dieser Gefühle, wirkt sich das signifikant auf unser Wohlbefinden aus. Häufig liegt das Hauptproblem jedoch darin, dass diese Emotionen im Leben eines Menschen zwar auftreten, jedoch nicht bewusst erlebt oder gewürdigt werden. So ziehen diese Gefühle in der Hektik des Alltags an uns vorbei, wenn sie einmal auftreten, und können ihre volle Wirkung auf unser Befinden gar nicht entfalten. Glücklich zu sein, hat somit auch besonders viel damit zu tun, wie bewusst und wie achtsam ein Mensch durchs Leben geht.

Die zweite Säule des Glücks: Engagement

Engagement als einen der Grundpfeiler des Glücks zu bezeichnen, geht auf den bereits erwähnten Vorreiter der Psychologie zurück, den Psychologen Mihaly Csikszentmihalyi, der den Begriff des Flows geprägt hat. Dieser Zustand wurde von Martin Seligman eingehend untersucht, in sein PERMA-Modell aufgenommen und exakt definiert.

Menschen, die sich im Rahmen ihrer Fähigkeiten für etwas engagieren können, empfinden dadurch eine erhöhte Zufriedenheit, die bei entsprechenden Erfolgserlebnissen zu einem Glücksempfinden führt. Dabei ist „**im Rahmen ihrer Fähigkeiten**“ der Schlüsselbegriff, denn die Kunst beim Engagement ist, dass die **Anforderungen, die an einen Menschen**

gestellt werden, zu seiner Persönlichkeit passen. Sie müssen also seinen Interessen und Neigungen, seinem Bildungsstand und Leistungsniveau entsprechen. Die Anforderungen dürfen nicht zu hochgeschraubt werden, sie dürfen aber auch nicht zu niedrig sein. Das bedeutet, es muss immer der anspornende Effekt einer Herausforderung gegeben sein, die jedoch mit einer zumutbaren Anstrengung bewältigt werden kann.

Indem wir uns Herausforderungen stellen und diese meistern, wachsen wir in unserer Persönlichkeit. Dies hat einen stark positiven Effekt auf unser Selbstwertgefühl und auf das Gefühl der Selbstwirksamkeit. Wir lernen, dass wir zu mehr fähig sind, als wir uns möglicherweise zugetraut haben, dadurch wird gleichzeitig Neugier geweckt, herauszufinden, wo unsere Grenzen liegen. Dies führt zu erneutem Streben danach, sich weiteren Herausforderungen zu stellen. Solange wir dabei nicht an Grenzen stoßen, die für uns unüberwindbar sind, haben wir im Engagement die Möglichkeit, eine praktisch endlose Kette an Erfolgserlebnissen zu kreieren, die uns in immer neue Glückszustände führen.

Dabei ist das Erreichen der gesteckten Ziele, also der Erfolg, ein weiterer Grundpfeiler des Glücks. **Beim Engagement geht es vorrangig um das Erleben des Flow-Zustands, der für sich allein bereits glücklich macht.** Deshalb werden wir uns jetzt den Flow-Zustand noch etwas genauer ansehen, um zu verstehen, was dabei mit uns geschieht. Sicher werden Sie diesen Zustand aus Ihrem eigenen Leben wiedererkennen, denn jeder Mensch hat ihn schon das eine oder andere Mal erlebt. Dieser Zustand tritt nämlich besonders dann auf, wenn wir unseren Hobbys, Interessen und Neigungen nachgehen und uns dabei frei entfalten können. Doch auch größere Projekte im Rahmen unserer Arbeit können uns in diesen Zustand versetzen.

Prädestiniert für die Erfahrung des Flow-Zustands sind besonders kreative Tätigkeiten wie Malen, Musizieren, Schreiben, Basteln und handwerkliche Arbeiten. Aber auch sportliche Betätigung, besonders in Verbindung mit dem Erreichen eines bestimmten Ziels, zum Beispiel ein Abzeichen zu erlangen oder einen Wettkampf zu gewinnen, führen Menschen in den Flow-Zustand. Der Begriff ‚Flow' stammt aus dem Englischen und bedeutet ‚Fluss', jedoch geht es in diesem Zusammenhang nicht um das Gewässer, sondern vielmehr um ein Fließen. Im Flow-Zustand fühlt man sich der Zeit enthoben, die Aufmerksamkeit fokussiert sich allein auf die auszuübende Tätigkeit. Alles, was nicht in direktem Zusammenhang damit steht, wird aus unserem Bewusstsein und aus unserer Aufmerksamkeit verbannt.

Es handelt sich also um einen Zustand höchster Konzentration, was grundsätzlich eher mit Anstrengung assoziiert wird. Dass der Flow-Zustand dabei viel weniger als anstrengend empfunden wird denn als berauschend, bedingt sich durch mehrere Faktoren. Die alleinige Konzentration auf die auszuübende Tätigkeit führt dazu, dass wir alle Sorgen und negativen Gedanken vergessen. Das Gehirn wird für die Dauer der Tätigkeit von aller Negativität befreit und kann so seine Energieressourcen voll ausschöpfen. Mit dem Erreichen kleiner Teilziele oder Meilensteine und entsprechend positivem Feedback von außen wird dann noch die fünfte Säule des Glücks aktiviert: das Gefühl von Erfolg.

Damit ein Mensch also den Flow-Zustand erleben kann, bedarf es einiger Grundvoraussetzungen. Dazu gehört vor allem, das **richtige Maß an Anforderung** zu finden.

Sind die Anforderungen zu hoch, sodass sie nicht bewältigt werden können, kommt kein Flow-Zustand zustande; stattdessen treten Gefühle von Frustration und Sinnlosigkeit auf und die Motivation nimmt rapide ab. Werden die Anforderungen zu niedrig gesteckt, kommt schnell Langeweile auf, was wiederum zur Abnahme der Motivation führt.

Ein echter Flow-Zustand kennzeichnet sich aber vor allem durch eine **hohe Eigenmotivation**, also **eine Motivation, die unabhängig ist von äußeren Faktoren** wie zum Beispiel Belohnungen. Die Motivation muss aus sich selbst heraus entstehen, der **Mensch muss** die Tätigkeit und **das** damit verbundene **Ziel aus eigenem Interesse erreichen wollen**.

Positives Feedback von außen oder Belohnungen führen nicht zu einem Flow-Zustand, können die Qualität dessen jedoch zusätzlich steigern.

Die dritte Säule des Glücks: Relationships (Beziehungen)

Der Mensch hat bestimmte Grundbedürfnisse, die Ihnen sicherlich hinlänglich bekannt sind: Atmung, Wärme, Trinken, Essen und Schlaf. Hierbei handelt es sich jedoch lediglich um unsere biologischen oder genauer gesagt unsere physischen Grundbedürfnisse. Darüber hinaus existieren jedoch noch weitere, psychologische Grundbedürfnisse, deren Erfüllung für das Erreichen von Zufriedenheit und Glück unabdingbar ist.

Erforscht haben diese psychologischen Grundbedürfnisse die Wissenschaftler Richard M. Ryan und Edward L. Deci, die sie in der sogenannten Selbstbestimmungstheorie der Motivation zusammengefasst haben. Demnach gibt es drei weitere, rein psychologische Grundbedürfnisse, die für unsere psychologische Gesundheit von außerordentlicher Bedeutung sind: Kompetenz, Autonomie und soziale Eingebundenheit. Die Bedürfnisse nach Kompetenz und Autonomie werden im Grunde beim Erreichen des bereits beschriebenen Flow-Zustands erfüllt, doch was hat es mit der sozialen Eingebundenheit auf sich?

Laut der Studie von Ryan und Deci geht es bei der sozialen Eingebundenheit um zwei Faktoren: Darum, wie wichtig die anderen für einen selbst sind, und darum, wie wichtig man selbst für andere ist. **Aber warum ist das Eingebundensein in eine Gemeinschaft überhaupt wichtig, um Zufriedenheit und Glück zu erreichen?**

Die Antwort finden wir in zwei Faktoren: in unserer Biologie und in unserer Entwicklungsgeschichte. Es ist zunächst einmal kein Geheimnis, dass der Mensch ein soziales Wesen ist, doch diese Tatsache hat sich über unsere gesamte Evolution hinweg entwickelt. Denken Sie einmal zurück in der Zeit, lange zurück, mindestens 2,6 Millionen Jahre. Wir befinden uns in der frühen Steinzeit, dem Beginn der Menschheitsgeschichte. Damals gelang es dem Menschen, eine dermaßen erfolgreiche Entwicklung zu beginnen, dass wir heute die dominierende Spezies auf diesem Planeten sind. Gelingen konnte dies nur aufgrund einer einzigen Tatsache: Die Menschen begannen, zusammenzuarbeiten. Sie lebten in Gemeinschaften, innerhalb derer jeder eine wichtige Aufgabe hatte, die zum Erhalt der Gruppe beitrug.

Die Männer gingen zur Jagd, während die Frauen zu Hause Kräuter, Pflanzen und Früchte sammelten und später mit deren Anbau und der Viehzucht begannen. Das Leben und die Zusammenarbeit in der Gemeinschaft verschafften dem Menschen einen unermesslichen Überlebensvorteil. Für das Individuum war es dabei nicht nur wichtig, andere Menschen um sich herum zu haben, die ihm halfen, zu überleben, sondern es war mindestens genauso wichtig für den Einzelnen, dass er etwas von Wert zum Überleben der anderen beitragen konnte, denn sonst hätte die Gruppe ihn verstoßen, was wiederum seine eigenen Überlebenschancen in einer damals noch sehr feindlichen Umwelt drastisch gesenkt hätte.

Die Wichtigkeit der Gemeinschaft hat sich somit seit Millionen von Jahren auf unsere Entwicklung ausgewirkt und sich dadurch auch genetisch manifestiert. So wurden soziale Beziehungen zu einem der Grundbedürfnisse des Menschen, die bis heute Bestand haben, da sie in unserer Genetik verankert sind. Auch wenn sich das Leben in der heutigen Gesellschaft im Vergleich zu damals stark verändert hat und es längst kein Problem mehr ist, ohne soziale Kontakte zu überleben, ist die Biologie dennoch stärker. Unsere Psyche benötigt diese Kontakte, um gesund zu bleiben, und eine gesunde Psyche ist die Grundlage dafür, überhaupt Glück empfinden zu können.

Die vierte Säule des Glücks: Meaning (Sinn)

„Der Mensch ist ein nach Zielen strebendes Tier. Sein Leben hat nur Bedeutung, wenn er versucht, etwas zu erreichen, und nach seinen Zielen strebt.“

Aristoteles

Aristoteles war, wie bereits erwähnt, einer der ersten antiken Vorreiter der positiven Psychologie. Das obige Zitat zeigt, dass er bereits vor tausenden von Jahren die wahre Natur des Menschen erkannt hat und daraus wichtige Rückschlüsse ziehen konnte, was es für ein erfülltes und damit glückliches Leben braucht. Den Grund für das menschliche Streben nach Sinnhaftigkeit finden wir gleich in mehreren Faktoren. Offensichtlich ist wohl, dass ein großer Teil des Strebens nach einem Sinn im Leben auf die gleichen Gründe zurückzuführen ist wie die Wichtigkeit sozialer Beziehungen. Wer in der Gemeinschaft keinen Zweck oder Sinn erfüllte, wurde zum Ausgestoßenen, dessen Überleben damit gefährdet war.

Doch geht es beim menschlichen Streben nach Sinn noch um einiges mehr als nur darum, das Überleben zu sichern. Es geht vor allem darum, das Leben erträglich und verständlich zu machen. Wer kennt nicht die Frage nach dem Warum, wenn ihn ein Schicksalsschlag ereilt, ein geliebter Mensch stirbt oder man sich einfach nur die Grausamkeiten dieser Welt vor Augen führt. Das Leben ist ungerecht und häufig unlogisch, weshalb es für den menschlichen Verstand notwendig ist, in all dem, was er nicht verstehen oder verarbeiten kann, einen tieferen Sinn zu finden. Aus diesem Grund sind Religionen seit Anbeginn ein Teil der menschlichen Kultur. Doch geht es nicht nur um einen Glauben, der uns den vermeintlichen Sinn des Lebens erklärt und den Schmerz der Existenz erträglicher machen kann, denn das allein reicht nicht aus, um im Leben wirkliche Erfüllung zu finden. Jeder Mensch benötigt darüber hinaus einen eigenen Sinn für seine Existenz. Nur wer weiß, wofür er lebt, und das tut, was er tut, kann in schweren Zeiten daraus Kraft schöpfen und in guten Zeiten am Streben nach dem individuellen Sinn wachsen. **Friedrich Nietzsche** hat diesen Umstand im folgenden Zitat verdeutlicht:

„Wer ein WARUM zum Leben hat, erträgt fast jedes WIE.“

Das Streben nach einem tieferen Sinn dient also nicht nur unserer eigenen psychischen Stabilität, sondern einen individuellen Sinn zu finden, erzeugt auch Glücksempfinden.

Die fünfte Säule des Glücks: Achievement (Erfolg, Zielerreichung)
Erfolgserlebnisse machen glücklich, sei es durch das Erreichen von Zielen oder das Erbringen besonderer Leistungen. Auch hier spielt das soziale Miteinander wieder eine wichtige Rolle, denn **je mehr Erfolge ein Individuum vorzuweisen hat, desto sicherer ist nicht nur sein Platz in der Gemeinschaft, sondern desto höher ist auch sein Platz in der sozialen Rangordnung**. Das schafft Zufriedenheit, denn es werden gleich mehrere Grundbedürfnisse befriedigt: das Bedürfnis nach Sicherheit und das nach sozialer Eingebundenheit.

Darüber hinaus gibt es noch einen dritten, wenn auch indirekten Effekt, der der Befriedigung unserer Bedürfnisse stark entgegenkommt. Erfolg macht sexy – die Suche nach einem sexuellen Partner fällt Menschen mit höherem sozialen Status um einiges leichter als jenen, die weniger Erfolge vorzuweisen und keinen besonderen Rang innerhalb der Gemeinschaft haben.

Das Erreichen von Zielen hat aber noch einige andere Effekte, die von großer Bedeutung für unser Wohlbefinden und damit unser Glück sind. Wer Ziele erreicht, erfährt etwas, das sich Selbstwirksamkeit nennt und als Bestätigung der eigenen Handlungsfähigkeit beschrieben werden kann. Auf diese Weise lernt ein Mensch, sich mit jedem Erfolg mehr zuzutrauen und sich zu vertrauen. In schwierigen Zeiten können wir auf diese erarbeiteten Ressourcen zurückgreifen; wir wissen, wozu wir fähig sind, und je mehr persönliche Ziele wir bereits erreicht haben, desto stärker wird unser Selbstvertrauen. Das gibt Antrieb und Motivation. Der Glaube an uns selbst bringt uns dazu, auch vor schwierigen Herausforderungen nicht zurückzuschrecken und niemals aufzugeben.

DIE SECHS „GLÜCKS-TUGENDEN"

Gemeinsam mit dem US-amerikanischen Professor der Psychologie Christopher Peterson hat der uns bereits bekannte Martin Seligman ein Modell über Tugenden entwickelt, die in einem Menschen möglichst stark ausgeprägt sein sollten, damit dieser langfristig ein gutes Leben führen kann. Dabei stellten sie sich vor allem die Frage, ob es bestimmte Charaktereigenschaften im Menschen gibt, die garantiert glücklich machen.

So geht die Psychologie zum Beispiel davon aus, dass Menschen mit extrovertierter Natur glücklicher sind als introvertierte Menschen. Die positive Psychologie hat jedoch nicht das Ziel, Menschen in ihren Charaktereigenschaften grundlegend umzuformen und zu verändern, sondern vielmehr die individuellen Stärken auszubauen. Deshalb kann ein umfassendes Modell über Glück erzeugende Charaktereigenschaften bei diesem Ansatz sehr hilfreich sein.

Gleichzeitig war es wichtig, dass das Modell Eigenschaften beschreibt, die unabhängig von der Kultur eines Menschen sind, sowie von der Zeit, in der er lebt, denn es sollte möglichst dauerhaft gültig sein, nicht nur für die heutige Zeit. Orientiert haben sich die beiden Psychologen zur Findung dieser Tugenden an der Weisheitsliteratur unserer Welt, denn dort finden sich die Eigenschaften, die Menschen unabhängig von Zeit und Kultur als erstrebens- oder bewundernswert betrachten.

Auf diese Art entstand ein System aus sechs grundlegenden Tugenden, die jeweils mehrere Charaktereigenschaften umfassen. Insgesamt ergeben sich so 24 Eigenschaften, die Menschen erfolgreicher und dadurch glücklicher im Leben machen. Diese Tugenden und ihre zugeordneten Charaktereigenschaften werden wir uns im Folgenden näher anschauen.

Erste Tugend: Weisheit und Wissen

Diese Glückstugend beschreibt die kognitiven Stärken einer Person. Man könnte nun denken, dass es sich hierbei um für ein Individuum feststehende Eigenschaften handelt, die allein abhängig sind von der vorhandenen Intelligenz. Doch Intelligenz ist trainierbar und definiert sich nicht nur durch die Menge an Wissen oder die Fähigkeit, sich dieses anzueignen und abrufbar zu machen. Eine gezielte Stärkung geistiger Fähigkeiten und

Eigenschaften ist für jeden Menschen möglich, auch wenn sich dabei natürlich individuelle Unterschiede durch persönliche Veranlagung ergeben. Um diese Tugend zu stärken, ist eine ständige Entwicklung der folgenden fünf Charaktereigenschaften notwendig:

- **Kreativität:**

Kreativität zeichnet sich aus durch schöpferisches und originelles Denken. Es ist die Fähigkeit, Neues zu erschaffen, neue Wege zu finden und außerhalb der eingefahrenen Muster zu denken.

- **Neugier:**

Neugier ist eine der sechs Grundemotionen des Menschen: Angst, Ärger, Trauer, Freude, Neugier und Ekel. Neben der Freude ist sie die einzige dieser Emotionen, die auch als positiv zu bewerten ist. Allerdings kann Neugier ein zweischneidiges Schwert sein und hat besonders im Volksmund keine rein positive Bedeutung.

So kennt mit Sicherheit jeder das alte Sprichwort „Neugier ist der Katze Tod". Diese Emotion kann uns in gefährliche Situationen bringen, doch wären wir ohne sie nicht das, was wir heute sind. Ohne Neugier, die man als den Drang nach Wissen und Verstehen beschreiben kann, hätten wir keinerlei Antrieb, zu lernen, und das beginnt bereits mit dem Lernen grundlegender Fähigkeiten wie Sprechen und Ausüben motorischer Abläufe bei einem Kleinkind. Die Neugier treibt den Menschen immer weiter und immer wieder über seine bisherigen Grenzen hinaus.

- **Urteilsvermögen und Aufgeschlossenheit:**

Aufgeschlossenheit, die man auch als Offenheit bezeichnen könnte, ist eine der wichtigsten Eigenschaften, die ein Mensch haben kann. Es bedeutet, offen zu sein für Neues, für andere Sichtweisen oder sogar dafür, seine eigenen Meinungen zu überdenken. Wer nicht aufgeschlossen ist, bremst seine natürliche Neugier aus und bleibt geistig stehen.

Persönliche Weiterentwicklung geschieht immer nur in der geistigen Bewegung. Genauso braucht es jedoch auch ein gutes Urteilsvermögen, um bei neuen Erfahrungen die Orientierung nicht zu verlieren und abwägen zu können, was für die eigene Entwicklung oder die Umsetzung bestimmter Ideen und Pläne richtig oder falsch ist. Dieses Urteilsvermögen kann sich aber nur dann entwickeln, wenn man aus entsprechend vielen Erfahrungen lernen konnte. Deshalb bedingen sich Urteilsvermögen und Aufgeschlossenheit gegenseitig.

- **Liebe zum Lernen:**

Wer nur lernt, weil er denkt, dass er es muss, wird niemals Freude daran finden. Lernen ist ein natürlicher Prozess, der mit der Geburt beginnt und mit dem Tod endet. Unser Gehirn ist dafür gemacht, immer weiter zu lernen. Hören wir irgendwann damit auf, neue Dinge zu lernen, zieht das weitreichende Probleme nach sich, die sich auf psychischer Ebene manifestieren können. Die Liebe zum Lernen ist jedem Lebewesen angeboren; wir verlieren sie nur allzu oft durch Erziehung und ein grundsätzlich falsches Schulsystem. Denken Sie einmal daran, wie es sich anfühlt, etwas zu lernen, dass Sie wirklich lernen wollen, zum Beispiel, weil Sie es lieben, es Sie begeistert oder es Ihnen guttut. Diese Form des Lernens führt zu sogenanntem positivem Stress, mit dem wir uns noch beschäftigen werden. Die Liebe zum Lernen kann man sich wieder aneignen, indem man sich dabei auf die Dinge konzentriert, an denen man tatsächliches Interesse oder sogar Freude hat.

- **Weitsicht:**

Unter Weitsicht kann man vieles verstehen, es ist aber vor allem die Fähigkeit, die langfristige Entwicklung einer Sache möglichst realistisch einschätzen zu können. Dazu benötigt man einen soliden Erfahrungsschatz, aber auch die Fähigkeit, Dinge aus verschiedenen Perspektiven betrachten zu können. Wer über Weitsicht verfügt, wird immer ein guter Ratgeber sein und somit von anderen geschätzt werden, doch auch für den persönlichen Weg ist diese Fähigkeit von unschätzbarem Wert.

Zweite Tugend: Mut

Mut ist eine emotionale Stärke, die Ihnen dabei helfen kann, innere und äußere Grenzen zu überwinden. Für persönliches Wachstum ist Mut unerlässlich, denn sich den eigenen Schattenseiten und Problemen zu stellen, erfordert immer wieder sehr viel davon. Diese Tugend setzt sich aus den folgenden vier Charakterstärken zusammen:

- **Tapferkeit:**

Unter Tapferkeit ist in diesem Zusammenhang die Fähigkeit zu verstehen, Unangenehmes auszuhalten oder zu ertragen und bei Schwierigkeiten nicht einfach aufzugeben.

- **Ausdauer:**

Um Dinge zu Ende zu bringen, braucht es immer auch Ausdauer, denn Lernprozesse sind oft langwierig und immer wieder auch mit Schwierigkeiten oder Unannehmlichkeiten verbunden. Deshalb ist der Wille, etwas zu vollenden, immer auch eine Eigenschaft, die den menschlichen Charakter maßgeblich formen kann.

- **Integrität:**

Integrität ist wohl die Charakterstärke, die am meisten Mut benötigt und gleichzeitig auch zu immer mehr Mut führen kann. Integer zu sein, bedeutet, nicht nur anderen Menschen, sondern auch sich selbst gegenüber ehrlich zu sein und im eigenen Handeln authentisch zu bleiben. Dazu muss man vor allem die eigenen Grenzen kennen und lernen, diese deutlich zu setzen und zu wahren.

- **Vitalität:**

Aus der Vitalität entstehen Tatendrang, Neugier, das Streben nach Wissen und nicht zuletzt auch die Freude am Leben. Unsere Vitalität ist die geistige Energie, die uns zur Verfügung steht und es uns ermöglicht, uns für Dinge, Menschen oder Themen zu begeistern. Sie ist Motor und Kraftstoff zugleich.

Dritte Tugend: Menschlichkeit

Diese Tugend betrifft Ihre zwischenmenschlichen und damit auch Ihre sozialen Fähigkeiten. Ohne diese Tugend, die sich aus drei Charakterstärken zusammensetzt, wäre ein liebevolles, respektvolles Miteinander kaum möglich.

- **Liebe:**

Die Fähigkeit, lieben zu können, ist einer der entscheidenden Faktoren zum Glücklichsein. Wahrhaftig zu lieben, bedeutet aber auch, Nähe und Intimität zulassen zu können sowie über andere nicht urteilen zu müssen, sondern sie stattdessen zu verstehen.

- **Freundlichkeit:**

Aus Freundlichkeit entstehen immer wieder die schönsten Momente: Das zufällige, aber ehrliche Lächeln eines Fremden, das uns den Tag erhellt, kleine oder große Gefallen, ohne etwas dafür zu erwarten, einfach für andere da zu sein und vor allem, nett und hilfsbereit zu sein.

- **Soziale Intelligenz:**

Die soziale Intelligenz ist die Kernkompetenz im Bereich der Menschlichkeit, denn was nützen alle Liebe, Freundlichkeit und Hilfsbereitschaft, wenn man sie den falschen Personen entgegenbringt und sich dabei ausnutzen lässt? Soziale Intelligenz bedeutet, Menschen lesen zu können, sich ihrer Motivationen und Gefühle bewusst zu sein, aber auch, mit schwierigen Menschen gleichermaßen gut umgehen zu können wie mit Freunden.

Vierte Tugend: Gerechtigkeit

Bei dieser Tugend geht es vor allem um das Miteinander und darum, die Gemeinschaft als Ganzes voranzubringen. Es geht darum, sich einordnen und selbst zum Wohle aller auch einmal zurückstecken zu können. Diese Tugend besteht aus den folgenden drei Charakterstärken:

- **Teamwork:**

Die Fähigkeit, sich in einem Team gut integrieren und mit diesem arbeiten zu können, wird in der heutigen Berufswelt immer wichtiger, doch auch im Alltagsleben ist sie nicht wegzudenken. Kein Mensch ist vollständig unabhängig von anderen und viele Dinge lassen sich nur gemeinsam in der Gruppe erreichen, deshalb ist es wichtig, diese Eigenschaft zu stärken.

- **Fairness:**

Fairness bedeutet vor allem, andere nicht zu be- oder verurteilen. Jeder Mensch hat seine Geschichte, seine persönlichen Stärken und Schwächen. So können bei Problemen tatsächliche Lösungen gefunden werden statt Schuldigen.

- **Führungsvermögen:**

Menschen führen zu können, ist eine besondere Stärke, über die nur wenige wirklich verfügen. Trotzdem kann und sollte man diese Fähigkeit erlernen, denn sie schult die soziale Intelligenz und vor allem auch die Fairness.

Fünfte Tugend: Mäßigung

Mäßigung ist hier gleichzusetzen mit Zurückhaltung. Es geht bei dieser Tugend vor allem darum, das richtige Gleichgewicht zu finden. Dies kann man an den folgenden Charakterstärken, die dieser Tugend zugeordnet sind, sehr schön erkennen:

- **Vergebungsbereitschaft und Gnade:**

Vergebung zu lernen, ist für das persönliche Glück unerlässlich. Indem wir denen vergeben, die uns etwas angetan haben, lassen wir das vergangene Unglück los, statt emotional weiter in der Opferrolle unserer Vergangenheit festzuhängen. Dabei geht es jedoch nicht ums Vergessen, sondern vor allem darum, sich selbst zu befreien und mit unserer Vergebung auch einzugestehen, dass wir alle nicht frei von Fehlern sind. Vergessen sollten wir das Geschehene dabei nicht, stattdessen jedoch daraus lernen, um unsere emotionale Intelligenz und unsere Weitsicht zu schulen. Wer bereit ist, zu vergeben oder anderen Gnade zukommen zu lassen, zeigt damit wahre menschliche Größe.

- **Bescheidenheit und Demut:**

Um Ziele zu erreichen, benötigt man eine Menge Anstrengung und Beharrlichkeit, was natürlich auch ein Gefühl des Stolzes hervorrufen kann. Diesen sollte man jedoch nicht dazu benutzen, sich selbst größer zu machen als andere. Das Erreichen von Zielen sollte immer nur der Sache selbst dienen, nicht der Bestätigung des eigenen Egos, da der Erfolg sonst schnell dazu führen kann, dass man die Bodenhaftung verliert. Das bedeutet nicht, dass man nicht auch stolz sein darf auf die eigenen Leistungen, doch wer wirklich in sich ruht, kann seine Erfolge für sich sprechen lassen. Das Gefühl des Stolzes sollte deshalb besser als Kraftquelle für ein anderes, wichtigeres Gefühl genutzt werden: Selbstwirksamkeit.

- **Vorsicht:**

Zur Beschreibung dieser Charaktereigenschaft lässt sich am besten ein altbekannter Ausspruch nutzen:

„‚Vor Inbetriebnahme des Mundwerks bitte Gehirn einschalten', sagte einmal jemand. Doch wo, bitte, befindet sich der Schalter?"

Helga Schäferling

Es geht darum, in seinen Handlungen und Äußerungen so umsichtig wie möglich zu sein und mögliche Konsequenzen vorher zu bedenken, um Fehler zu vermeiden.

- **Selbstregulation:**

Unter Selbstregulation versteht man die Fähigkeit, sich selbst zu steuern. Es geht dabei nicht nur darum, seine Impulse so zu zügeln, dass sie dem Erreichen von Zielen nicht im Wege stehen, sondern auch um die Fähigkeit, mit den eigenen Emotionen und Stimmungen umgehen zu können.

Sechste Tugend: Transzendenz

Bei dieser Tugend geht es um die eher spirituellen Komponenten des Lebens, darum, ob und wie Menschen eine Form der Spiritualität leben und nach Bedeutung und Sinn streben. Es gibt insgesamt fünf Charaktereigenschaften, die dieser Tugend zugeordnet werden:

- **Sinn für das Schöne und die Exzellenz:**

Das Streben nach Schönheit gehörte schon für den antiken Philosophen Platon zu den wichtigsten menschlichen Tugenden. Wer in der Lage ist, das Wesentliche zu sehen, findet überall Schönheit: in alltäglichen Kleinigkeiten, in jedem Lebewesen, in der Natur und sogar in vermeintlich hässlichen Dingen. Diese Eigenschaft erweckt in uns ein Gefühl der tiefen Dankbarkeit und schenkt uns inneren Frieden.

- **Dankbarkeit:**

Die Welt ist voller Ungerechtigkeit und schlimmer Zustände. Dies war schon lange vor dem Menschen so und wird sich auch niemals ändern. Umso wichtiger ist es, das eigene Glück zu erkennen und nicht als selbstverständlich hinzunehmen. Im Grunde ist nichts im Leben selbstverständlich, nicht einmal das Dach über dem Kopf oder eine tägliche Mahlzeit. In der westlichen Gesellschaft haben wir das leider mehr und mehr vergessen. Deshalb sollten wir uns regelmäßig bewusst machen, was wir alles in unserem Leben haben, wofür wir dankbar sein können. Dankbarkeit ist ein unglaublich mächtiges, positives Gefühl, das enorm zum Empfinden wahrhaftigen Glücks beiträgt!

- **Hoffnung:**

Hoffnung ist die Kraft, die uns durch wirklich schwere Zeiten bringen kann. In den meisten Fällen begründet sie sich auf nichts weiter als einem unerschütterlichen Glauben an das Gute. Um das Gefühl der Hoffnung als Antriebskraft nutzen zu können, muss ein Mensch jedoch in der Lage sein, selbst in schwierigen Zeiten eine positive Grundeinstellung zu bewahren.

Diese positive Grundeinstellung sorgt zudem für weniger psychologischen Stress, womit wir uns ebenfalls noch näher befassen werden.

- **Humor:**

„Humor ist, wenn man trotzdem lacht!"

Dieses alte Sprichwort bringt es auf den Punkt: Wer es schafft, nicht immer alles zu ernst zu nehmen und auch mal über sich selbst lachen zu können, ist der Zufriedenheit ein ganzes Stück näher. Doch auch die Fähigkeit, andere zum Lachen zu bringen und dies sogar gern zu tun, ist für ein zufriedenes, erfülltes und glückliches Leben von großer Wichtigkeit.

- **Religiosität und Spiritualität:**

Spiritualität oder auch Religiosität dienen dem Menschen als Orientierung in einer oft chaotischen Welt. Sie verleihen Halt und geben gewisse Werte vor, nach denen es sich zu streben lohnt. In dem Versuch, die Existenz zu begreifen, liegt der Schlüssel für sämtliche positive menschliche Tugenden wie Demut, Liebe, Hingabe, Vertrauen und Mitgefühl.

GLÜCK AUS PHILOSOPHISCHER SICHT: DIE DREI ARTEN VON GLÜCK

Dass sich auch die Philosophie seit Menschengedenken mit der Frage nach dem Glück beschäftigt, erwähnte ich bereits zu Beginn des Buches. Doch nicht nur die antiken Philosophen wie Aristoteles machten sich auf die Suche nach Antworten, sondern auch moderne Philosophen beschäftigen sich damit. Gleich vorweg: Bis heute gibt es keine wirkliche Einigung, keine allgemeingültige Antwort darauf, was Glück denn ist oder wie es zu erreichen ist.

Doch es gibt Theorien, insgesamt drei an der Zahl, die verschiedene Arten von Glück beschreiben und die wir uns im Folgenden einmal ansehen werden, um so ein möglichst vollständiges Bild zu erhalten. Dabei werden

Sie feststellen, dass diese drei Theorien zum Teil Themen beinhalten, die auch die positive Psychologie erforscht hat. Somit lässt sich bereits im Vorfeld sagen, dass es zwar keine definitive Antwort auf die Frage nach dem Glück gibt, dafür aber definitiv so etwas wie feststehende Faktoren, die dazu beitragen.

Der Hedonismus

Aus hedonistischer Sicht geht es im Leben nur um zwei Dinge: maximalen Genuss und minimales Leid. Diese Glückstheorie stammt aus dem antiken Griechenland und ist gleichzeitig auch eine Art Weltanschauung oder Lebensphilosophie. Einleuchtend ist diese These allemal: Indem wir möglichst viele Dinge erleben, die uns glücklich machen und das Erleben von Leid, Schmerz und Enttäuschung minimieren, werden wir mit Sicherheit eine Menge Glücksmomente empfinden, doch genau da entsteht das größte Problem bei dieser These:

Niemand hat sein Leben derart unter Kontrolle, dass es möglich ist, diese Prämisse dauerhaft umzusetzen. Zum Beispiel haben wir unsere Gesundheit, die die Voraussetzung dafür ist, möglichst wenig Schmerz zu empfinden, nur bedingt unter Kontrolle. Wir können nicht kontrollieren, ob wir uns eine Krankheit zuziehen oder vielleicht einen Unfall erleben. Genauso wenig können wir andere Faktoren kontrollieren wie den Verlust eines geliebten Menschen, der den allergrößten Schmerz bereitet, oder den Verlust anderer grundlegend wichtiger Faktoren.

Die aktuelle Situation auf der Welt liefert hier genug Beispiele – stellen Sie sich vor, Sie lebten in einem der Gebiete, die von Überschwemmungen betroffen waren, und Sie hätten alles verloren, was Sie besitzen. Sie stehen vor dem absoluten Nichts; Ihre finanzielle Lebensgrundlage, Ihr Haus, Ihr Auto – alles ist verloren. Doch gibt es nichts, was Sie hätten tun können, um dies zu verhindern. Würden Sie allein nach dem hedonistischen Prinzip leben, wäre es um Ihr persönliches Glück nun langfristig schlecht bestellt. Doch auch ohne Katastrophen oder Todesfälle ist das hedonistische Glück immer auch ein Stück weit dem Zufall unterworfen. Was, wenn Sie Ihren Job verlieren oder trotz guter Ausbildung einfach keinen finden? In dem Fall würden Ihre Möglichkeiten, Genuss zu erleben, sehr stark eingeschränkt werden. Gleiches gilt für Menschen, die etwa in Kriegsgebieten leben. Somit könnte man das hedonistische Glück als Glückssache bezeichnen!

Ein weiterer Faktor steht dem hedonistischen Glück besonders im Weg. Dieser Faktor lässt sich zwar als allgemeiner Glücksfeind bezeichnen, erschwert aber besonders eine hedonistische Lebensführung maximal. Die Rede ist vom Gewöhnungseffekt, der von der Glücksforschung auch als Kompensationseffekt bezeichnet wird. Im Grunde ist die Sache ganz einfach: Egal, wie gut etwas ist, egal, wie glücklich es Sie macht, genießen Sie es zu regelmäßig und zu häufig, verliert es sehr schnell seinen Reiz. Wenn Sie täglich nur Ihr Lieblingsessen zu sich nehmen würden, wäre von Genuss schon nach spätestens einer Woche keine Rede mehr. Der Effekt, den das geliebte Essen hervorruft, würde sich von Genuss ins Gegenteil umkehren und nach anfänglicher Langeweile sogar schnell Abneigung und Widerwillen erzeugen.

Diesen Effekt kennen wir alle auch nur zu gut von neuen Beziehungen. Zu Beginn ist alles rosarot und wundervoll, man schwebt gemeinsam auf Wolke Sieben. Der Sex ist großartig und wird so oft praktiziert, wie es nur möglich ist. Doch bereits nach einigen Wochen, spätestens nach wenigen Monaten, nutzt sich das Glücksgefühl langsam ab. Wir setzen allmählich die rosarote Brille ab und beginnen, auch die Fehler des neuen Partners zu bemerken, der Sex wird langweilig und man geht sich zunehmend auf die Nerven, je mehr einen der Alltag einholt. An dieser Stelle zerbricht ein nicht geringer Teil neuer Liebesbeziehungen bereits wieder und führt so vom Glück unweigerlich in den Schmerz. Der Kompensationseffekt ist somit nicht zu unterschätzen, denn er führt zur Gewöhnung an das, was einst glücklich machte, und sorgt somit für weniger Genuss. Wenn man es übertreibt, führt dieser Effekt schnell in das genaue Gegenteil von Glück.

Wer nach der hedonistischen Philosophie lebt, wird also unweigerlich dazu verdammt sein, nach immer besseren und immer stärkeren Genussbringern zu suchen. Eigentlich klingt das bei genauerer Betrachtung schon eher wie eine Anleitung zum Unglücklichsein – und das, obwohl sich grundsätzlich der Grundaussage des Hedonismus nichts entgegnen lässt. Mit Glück und Unglück ist es ähnlich wie mit Drogen: Die Menge macht das Gift. Ein bisschen Glück lässt sich beliebig oft wiederholen, ohne dass es sich abnutzt; ein bisschen Leid kann das Empfinden von Glück sogar noch steigern, da es einen spürbaren Gegensatz erzeugt. Lediglich ein Zuviel sorgt sowohl im Glück als auch im Leid für tatsächliche Probleme. Schauen wir also einmal, was die anderen beiden Glückstheorien zu diesem Thema zu sagen haben.

Die Zieltheorie

Die Zieltheorie, die aus den Erkenntnissen der positiven Psychologie hervorgeht, benennt eine ganz einfache Faustregel zum Erreichen von Glück: Wer seine Ziele erreicht, erlebt Glücksempfinden. Demnach liegt es allein in unserer Hand, ob und wie glücklich wir sind, doch ist es natürlich niemals so einfach, wie es zuerst einmal aussehen mag. Das größte Problem bei dieser Theorie dürfte wohl offensichtlich sein, denn auch das Erreichen von Zielen unterliegt nicht immer unserer alleinigen Kontrolle. Ein sicherlich ein leuchtendes Beispiel bietet uns hier das Streben nach Zielen im beruflichen Bereich. Stellen Sie sich vor, Sie arbeiten in einer Abteilung mit insgesamt zehn anderen Kollegen. Eines Tages wird bekannt, dass die Führungsposition für Ihr Team in absehbarer Zeit frei wird. Es beginnt ein freundlicher Wettstreit um diese neue Position und Ihr persönliches Ziel ist es nun, für diese Position ausgewählt zu werden. Doch stehen Sie damit nicht allein, auch Ihre zehn Kollegen möchten natürlich gern diesen Posten bekommen.

Gehen wir nun davon aus, dass die fachliche Kompetenz unter allen Mitarbeitern, die sich für diese Position qualifizieren möchten, auf dem gleichen Niveau liegt. Gleiches gilt für die Zeit, Mühe und Anstrengung, die von allen Bewerbern investiert wird. Doch nur einer kann die Beförderung tatsächlich bekommen. Welcher der elf Anwärter auf die freiwerdende Führungsposition nun tatsächlich ausgewählt wird, unterliegt in diesem Fall also einem einzigen Faktor: Glück.

Die Zieltheorie wirft sogar noch mehr Probleme auf, denn **wenn das Erleben persönlichen Glücks allein auf dem Erreichen von Zielen beruht, bringt dies auch immer eine Gefahr mit sich**. Sie können nämlich unmöglich wissen, ob das Erreichen eines Ziels Ihnen tatsächlich die erhoffte Befriedigung und damit auch das angestrebte Glücksempfinden einbringen wird. Besonders wenn sich Ziele auf das Erlangen materieller Güter beziehen, ist die Enttäuschung häufig vorprogrammiert. Ein neues Auto oder ein neues elektronisches Gerät unterliegen nämlich leider ebenfalls dem Kompensationseffekt. Wir gewöhnen uns allzu schnell daran und sie werden langweilig, von Glück keine Spur mehr.

Die Zieltheorie hat noch ein weiteres, ebenso offensichtliches Problem: **Das Erreichen von Zielen benötigt Zeit und je größer das Ziel, desto weiter der Weg dahin**. Wenn Glücksgefühle nun einzig durch das Erreichen von Zielen ausgelöst werden können, werden Sie die meiste Zeit wohl eher unglücklich sein. Aus diesem Grund geht es bei der Zieltheorie noch um etwas mehr als nur um das Erreichen von Zielen, denn ohne Einbeziehen des Weges dorthin wäre diese Theorie wohl wenig Erfolg versprechend. Die Zieltheorie sagt somit nicht nur aus, dass das Erreichen von Zielen glücklich macht, sondern auch, dass es genauso wichtig ist, den Weg zu seinen Zielen so zu gestalten, dass auch er so viele Glücksmomente wie möglich in sich birgt.

Die Kunst bei dieser Lebensphilosophie liegt somit in zwei Dingen: einer möglichst weisen und vorausschauenden Wahl Ihrer Ziele sowie der Fähigkeit, den Weg dorthin möglichst spaßbringend zu gestalten. Aus diesem Grund müsste die Zieltheorie auch eher „Wegtheorie“ heißen, frei nach dem Motto: **Der Weg ist das Ziel.** Eines sollten Sie im Hinblick auf diese Lebensphilosophie nämlich bedenken: Sie können immer nur eine begrenzte

Anzahl von Zielen erreichen und auch niemals alle gleichzeitig. Würden Sie sich also nur auf das Erreichen Ihrer Ziele konzentrieren, würden Sie automatisch auch Ihre Möglichkeiten des Glücksempfindens drastisch einschränken.

Die Gütertheorie

Der Name dieser Theorie ist zu Beginn etwas irreführend, denn er impliziert zunächst einmal, dass es hier um das Erlangen von Besitz, also um materielle Güter geht. Da dies ein sehr kapitalistischer Ansatz wäre, was wohl kaum mit einer von der Philosophie geprägten Theorie in Einklang zu bringen ist, kann ich Sie jedoch beruhigen. Die Gütertheorie dreht sich nämlich nicht um materielle Güter, sondern um sogenannte ‚objektive' Güter. Die Aussage dieser Glückstheorie ist im Grunde relativ simpel: Über je mehr ‚Dinge' jemand verfügt, die ihn glücklich machen, desto glücklicher ist dieser Jemand – logischerweise. Dabei könnte man erst einmal denken, dass ‚Dinge, die glücklich machen' viel zu individuell sind, als dass man sie in einer Theorie zusammenfassen könnte. Doch genau deshalb werden diese Dinge als objektive Dinge bezeichnet; es geht also nicht wirklich um etwas Materielles, sondern um die Dinge, die für jeden Menschen unbestreitbar Glücksgefühle erzeugen. Dazu gehören zum Beispiel Familie, Freunde, Gesundheit, Liebe und Freiheit.

Damit haben wir in der Gütertheorie die wohl einfachste und am meisten Erfolg versprechende Glückstheorie gefunden. Diese Art von Glück unterliegt zwar ebenfalls nicht Ihrer vollständigen Kontrolle, denn all die genannten Güter können Sie ohne Eigenverschulden jederzeit verlieren, doch zumindest unterliegen die glücksbringenden ‚Objekte' nicht so stark dem Kompensationseffekt.

Abschließend lässt sich jedoch eines mit Sicherheit sagen: **Keine dieser drei Theorien birgt, für sich allein, den sicheren Weg zum Glücklichsein in sich, jedoch zeigen sie alle Wege auf, die uns diesem Ziel näherbringen können. Der sicherste Weg zum persönlichen Glück**

liegt also in einer Kombination sämtlicher Faktoren, die wir bisher beleuchtet haben. Damit sind nicht nur die drei Glückstheorien gemeint, sondern auch die Glückstugenden. Es gibt jedoch noch eine nicht unbedeutende Anzahl weiterer Faktoren, die für das große Ziel – das persönliche Glück – von Bedeutung sind. Diesen Faktoren werden wir uns im Folgenden zuwenden, um dann, zum Abschluss dieses Buchs, einen Weg aufzuzeigen, der sämtliche Komponenten in sich vereint.

Was Resilienz mit Glück zu tun hat

Resilienz bedeutet in der Psychologie psychische Widerstandskraft, also die Fähigkeit, mit Schicksalsschlägen umzugehen und keinen anhaltenden Schaden in schwierigen Lebensphasen zu nehmen. Somit kann man eine starke Resilienz als eine der Grundvoraussetzungen für ein glückliches Leben bezeichnen. Die gute Nachricht ist: **Resilienz** ist keine Fähigkeit, die einem Menschen gegeben ist oder nicht, sondern sie **lässt sich gezielt trainieren**, und zwar für ausnahmslos jeden Menschen. Das funktioniert, indem die eigenen Ressourcen, die dabei helfen können, schwierige Lebensphasen zu überstehen, gezielt verstärkt und ausgebaut werden. Die positive Psychologie kommt dabei auch ins Spiel, denn viele der im vorigen Modell der Tugenden genannten Charaktereigenschaften wie Liebe, Kreativität, Optimismus und Dankbarkeit gelten auch als wichtigste Faktoren der Resilienz. Noch bedeutsamer als diese Charaktereigenschaften, die Ihnen persönlich vielleicht mehr oder weniger gegeben sind, sind jedoch das Erkennen und das gezielte Training Ihrer individuellen Stärken.

Ein Psychologenteam der Universität Zürich (Harzer und Ruch) untersuchte in zwei breit angelegten Studien den Zusammenhang zwischen dem Einsatz persönlicher Stärken und der Zufriedenheit im Berufsleben. Die Ergebnisse waren signifikant und sind natürlich nicht nur für das Arbeitsleben, sondern auch ganz allgemein anwendbar. Zum besseren Verständnis dieser Studie muss ich zunächst jedoch kurz auf den **Begriff der Signaturstärken** eingehen:

Dieser Begriff bezeichnet die **individuellen Charakterstärken eines Menschen, die besonders stark ausgeprägt sind und die er deshalb entsprechend oft und gern zum Einsatz bringt**. So kann ein Mensch zum Beispiel über eine gut ausgeprägte Teamfähigkeit verfügen, was als Charakterstärke zu bezeichnen ist; gleichzeitig ist die Führungsstärke bei diesem Menschen aber noch viel ausgeprägter und er setzt diese besonders gern ein. Diese Führungsstärke wäre dann eine Signaturfähigkeit. Es wird davon ausgegangen, dass jeder Mensch über vier bis sieben solcher Signaturstärken verfügt. Dem Ergebnis dieser Studien zufolge sind nun die Menschen, die möglichst viele ihrer Signaturstärken regelmäßig bei der Arbeit einsetzen können, zufriedener, glücklicher und erleben ihre Arbeit als erfüllender bzw. sinnerfüllter. Beim Einsatz der Signaturstärken entstehen von allein Spaß und der bereits beschriebene Flow-Zustand. Das Ausüben der Tätigkeit wird somit als sinnvoller und zufriedenstellender empfunden. Dabei gilt: **Je mehr Signaturstärken ein Mensch einsetzt, desto höher ist der Zufriedenheitsfaktor**, der ab vier oder mehr eingesetzten Fähigkeiten als sehr hoch empfunden wird. Dieses Ergebnis lässt sich, wie bereits gesagt, auf das gesamte Leben anwenden, denn unsere Fähigkeiten und Stärken müssen wir nicht nur im Beruf einsetzen, sondern in allen möglichen Bereichen.

Indem Sie nun Ihre Stärken kennen und sie gezielt und möglichst häufig einsetzen, können Sie in sämtlichen Lebensbereichen eine Steigerung Ihres Wohlbefindens und Ihrer Zufriedenheit erreichen. Das ist bereits ein großer Schritt in Richtung eines glücklicheren und erfüllteren Lebens. Gleichzeitig beugen Sie so dem Hauptfeind des Glücks vor: Stress. Was Stress tatsächlich ist und wie dieser entsteht, damit beschäftigen wir uns noch in einem eigenen Kapitel; an dieser Stelle möchte ich jedoch bereits erwähnen, dass Stress auch dann entsteht, wenn eine Aufgabe uns gemessen an unseren Fähigkeiten als zu schwierig erscheint. Diese Situation begegnet uns regelmäßig im Leben. Wir können die Häufigkeit ihres Auftretens jedoch deutlich verringern. Durch Besinnung auf unsere Stärken können wir Wege finden, scheinbar zu hohen Anforderungen auf neuen, anderen Wegen zu begegnen und sie so doch zu meistern. Auf diese Art steigt das Gefühl von Selbstwirksamkeit, was ebenfalls ein wichtiger Faktor für eine hohe Resilienz ist. Wer sich selbst viel zutraut, verzweifelt nicht so leicht.

Damit Sie nun für sich selbst beurteilen können, wo Ihre persönlichen Signaturfähigkeiten liegen, habe ich einen Persönlichkeitstest entwickelt, der Ihnen eine genaue Einschätzung Ihrer Charakterstärken im Bereich der Glückstugenden ermöglicht. So können Sie gezielt Ihre Stärken ausbauen und an Ihren Schwächen arbeiten. Um ein möglichst realistisches Ergebnis zu erhalten, sollten Sie die folgenden Fragen vollkommen ehrlich beantworten. Es geht hier nicht darum, Sie zu bewerten, sondern lediglich darum, Ihre Stärken und Schwächen zu evaluieren.

PERSÖNLICHKEITSTEST - WAS SIND IHRE SIGNATURSTÄRKEN?

Der Test unterteilt sich in sechs Blöcke, die jede Glückstugend und Ihre persönliche Ausprägung der zugehörigen Charaktereigenschaften testen. Jede einzelne Aussage in dem betreffenden Block bewerten Sie bitte mit null Punkten für „trifft überhaupt nicht auf mich zu", einem Punkt für „trifft manchmal zu" und zwei Punkten für „trifft voll und ganz zu". Dann addieren Sie die Gesamtpunkte für den jeweiligen Block und anschließend tragen Sie sie ein.

Auswertung der einzelnen Charakterstärken:

0 – 1 Punkte: Diese Charaktereigenschaft ist bei Ihnen wenig bis gar nicht ausgeprägt. Es wäre von Nutzen für Sie, daran zu arbeiten.

2 – 3 Punkte: Diese Charaktereigenschaft ist solide in Ihrem Wesen verankert, könnte jedoch immer noch ausgebaut und verstärkt werden.

4 – 6 Punkte: Herzlichen Glückwunsch, Sie haben eine Ihrer Signaturstärken gefunden!

Block 1 – Tugend Weisheit und Wissen

Kreativität:

1. Wenn ich etwas frei gestalten oder organisieren darf, blühe ich förmlich auf.

Punkte: 0 1 2

2. Ich liebe es, handwerklich oder gestalterisch zu arbeiten, z. B. zu malen, zu basteln oder Autos zu reparieren, und tue dies bei jeder Gelegenheit.

Punkte: 0 1 2

3. Ich empfinde große Freude an allem, das nicht streng nach bestimmten Regeln ablaufen muss.

Punkte: 0 1 2

Gesamtpunkte *Kreativität*: _____

Neugier:

1. Ich will die Dinge im Detail verstehen und größere Zusammenhänge erkennen. Wenn mich etwas interessiert, erforsche ich diese Sache aus eigenem, starkem Antrieb.

Punkte: 0 1 2

2. Ich bin leicht für etwas Neues zu begeistern.

Punkte: 0 1 2

3. Die wahre Faszination liegt für mich im Unbekannten.

Punkte: 0 1 2

Gesamtpunkte *Neugier*: ______

Urteilsvermögen und Aufgeschlossenheit:

1. In zwischenmenschlichen Konflikten bin ich mehr daran interessiert, die Motive aller Beteiligten zu verstehen, um eine Lösung zu finden, als daran, Schuldfragen zu stellen.

Punkte: 0 1 2

2. Ich kann Menschen und Situationen gut einschätzen, weshalb es mir leichtfällt, mich reibungslos in eine neue Gruppe oder Situation einzufügen.

Punkte: 0 1 2

3. Auch wenn ich die Emotionen oder Motive anderer Menschen selbst nicht nachvollziehen kann, respektiere ich sie bedingungslos.

Punkte: 0 1 2

Gesamtpunkte *Urteilsvermögen und Aufgeschlossenheit*:______

Liebe zum Lernen:

1. Wenn mich etwas interessiert, fasziniert oder sogar begeistert, lerne ich von ganz allein. Auch Rückschläge halten mich dann nicht vom Weg ab.

Punkte: 0 1 2

2. Ich empfinde Lernen als Bereicherung.

Punkte: 0 1 2

3. An anderen Menschen imponiert mir besonders, wenn sie über einen großen Wissensschatz in bestimmten Bereichen verfügen oder über bestimmte Fähigkeiten, die sie so lieben, dass diese zu einem großen Teil über die Art ihres Lebens bestimmen.

Punkte: 0 1 2

Gesamtpunkte *Liebe zum Lernen*: ______

Block 2 – Tugend Mut

Tapferkeit:

1. Um persönliche oder berufliche Ziele zu erreichen, bin ich stark opferbereit.

Punkte: 0 1 2

2. Ich scheue Risiken nur dann, wenn sie nicht berechenbar sind.

Punkte: 0 1 2

3. Für Dinge oder Menschen, die mir wichtig sind, bin ich bereit, auch Grenzen zu überschreiten und die Konsequenzen zu tragen, wenn es notwendig ist.

Punkte: 0 1 2

Gesamtpunkte *Tapferkeit*: ______

Ausdauer:

1. Ich neige dazu, mich an Aufgaben regelrecht festzubeißen, bis sie erledigt sind.

Punkte: 0 1 2

2. Ich gebe nicht auf, bevor ich mein Ziel erreicht habe.

Punkte: 0 1 2

3. Ich schätze es sehr, wenn Ziele nicht so leicht zu erreichen sind, sondern mich im Gegenteil zu Höchstleistungen anspornen.

Punkte: 0 1 2

Gesamtpunkte *Ausdauer*: ______

Integrität:

1. Ich stehe offen dazu, wenn ich etwas nicht kann, überfordert bin, es mir nicht gut geht oder ich Angst habe.

Punkte: 0 1 2

2. Wenn ich einen Fehler gemacht habe, stehe ich dazu, nehme die Konsequenzen an und lerne daraus, statt mir selbst Vorwürfe zu machen.

Punkte: 0 1 2

3. Wenn es notwendig ist, kann ich für mich selbst einstehen.

Punkte: 0 1 2

Gesamtpunkte *Integrität*: ______

Vitalität:

1. Ich bin ein Mensch, der über viel Energie verfügt, und deshalb bin ich lieber aktiv, als zu entspannen.

Punkte: 0 1 2

2. Wenn ich zu Hause bleiben muss (zum Beispiel im Lockdown), fällt mir sehr schnell die Decke auf den Kopf, da ich es gewohnt bin, ständig unterwegs und in Aktion zu sein.

Punkte: 0 1 2

3. Wenn ich morgens aufwache, gibt der Gedanke an den kommenden Tag mir Energie und Vorfreude. Oft kann ich dann nicht schnell genug aus dem Bett kommen.

Punkte: 0 1 2

Gesamtpunkte *Vitalität*: ______

Weitsicht:

1. Ich handele selten einfach spontan, sondern überdenke meine Impulse und prüfe sie auf mögliche Konsequenzen.

Punkte: 0 1 2

2. Ich reflektiere regelmäßig über mich selbst, mein persönliches Umfeld, eventuelle Konflikte und Probleme. Auf diese Art kann ich Probleme besser lösen und oft im Vorfeld vermeiden.

Punkte: 0 1 2

3. Ich bin vorsichtig mit dem, was ich anderen Menschen anvertraue oder wie weit ich anderen vertraue. Ich prüfe jeden Menschen genau und lasse mir Zeit dabei, bevor dieser mein Vertrauen bekommt.

Punkte: 0 1 2

Gesamtpunkte *Weitsicht*: ______

Block 3 – Tugend Menschlichkeit

Liebe:

1. Liebe in all ihren Formen, zu Familie, Freunden, meinem Partner oder Tieren, hat für mich den wichtigsten Stellenwert im Leben.

Punkte: 0 1 2

2. Ich empfinde große Achtung vor jeglicher Form von Leben und fühle mich erfüllt von Liebe zur gesamten Schöpfung.

Punkte: 0 1 2

3. Für jene, die ich liebe, bin ich bereit, jedes Opfer zu bringen.

Punkte : 0 1 2

Gesamtpunkte *Liebe*: ______

Freundlichkeit:

1. Auch wenn ich gestresst oder müde bin, habe ich immer ein offenes Ohr, wenn ich gebraucht werde.

Punkte: 0 1 2

2. Ich empfinde es als selbstverständlich, anderen zu helfen, wenn es mir möglich ist.

Punkte: 0 1 2

3. Wenn es mir nicht gut geht, verstecke ich das zwar nicht, lasse es aber auch nicht an anderen aus.

Punkte: 0 1 2

Gesamtpunkte *Freundlichkeit*: ______

Soziale Intelligenz:

1. Es fällt mir sehr leicht, mich in andere Menschen hineinzuversetzen.

Punkte: 0 1 2

2. In einer Gruppe erkenne ich schnell die persönliche Rangordnung und verstehe die Beziehungen der Gruppenmitglieder untereinander.

Punkte: 0 1 2

3. Ich kann mit den allermeisten Menschentypen gut umgehen und komme grundsätzlich mit vielen Menschen gut zurecht.

Punkte: 0 1 2

Gesamtpunkte *Soziale Intelligenz*: ______

Block 4 – Tugend Gerechtigkeit

Teamwork:

1. Ich arbeite oder erledige Dinge am liebsten in einer Gruppe oder einem Team.

Punkte: 0 1 2

2. Das gemeinsame Arbeiten mit anderen Menschen spornt mich zu besseren Leistungen an.

Punkte: 0 1 2

3. Es gibt mir Sicherheit, etwas nicht allein schaffen zu müssen, sondern mich auch auf die Hilfe anderer verlassen zu können.

Punkte: 0 1 2

Gesamtpunkte *Teamwork*: ______

Fairness:

1. Wenn mich jemand verletzt, versuche in erster Linie zu verstehen, wie es dazu gekommen ist und was die Gründe für das Verhalten der betreffenden Person waren. Das Verstehen ist mir wichtiger als Schuldzuweisungen.

Punkte: 0 1 2

2. Jeder Mensch erlebt die Welt und das Leben auf seine eigene Weise, die ich immer nur begrenzt nachvollziehen kann. Deshalb lebe ich nach der Devise, über niemanden zu urteilen, in dessen Schuhen ich nicht mindestens einige Meilen gelaufen bin.

Punkte: 0 1 2

3. Über Ungerechtigkeiten kann ich nicht hinwegsehen. Ich weise nicht nur auf solche hin, sondern stehe auch dann dafür ein, wenn das für mich negative Konsequenzen hat.

Punkte: 0 1 2

Gesamtpunkte *Fairness*: ______

Führungsvermögen:

1. In Gruppensituationen übernehme ich meist automatisch die Führung, da andere Menschen zu mir aufschauen und meine Meinung und Erfahrungen schätzen.

Punkte: 0 1 2

2. Ich habe ein gutes Gespür dafür, wer für welche Aufgaben gut geeignet ist und mit wem am besten zusammenarbeiten kann.

Punkte: 0 1 2

3. Ich liebe es, etwas Größeres zu organisieren, sei es eine Gruppenaktivität, eine Feier oder ein Projekt auf der Arbeit.

Punkte: 0 1 2

Gesamtpunkte *Führungsvermögen*: ______

Block 5 – Tugend Mäßigung

Vergebungsbereitschaft und Gnade:

1. Die Gründe dafür zu verstehen, warum mir jemand etwas angetan hat, macht es mir leichter, dieser Person zu vergeben.

Punkte: 0 1 2

2. Ich finde es besser, Menschen zu ermöglichen, ihr Fehlverhalten aus eigenem Antrieb zu erkennen und zu korrigieren, als sie einfach nur dafür zu bestrafen.

Punkte: 0 1 2

3. Ich halte mich nur so lange mit Vergangenem auf, wie es nötig ist.

Punkte: 0 1 2

Gesamtpunkte *Vergebungsbereitschaft und Gnade*: ______

Bescheidenheit und Demut:

1. Ich ruhe in meiner Mitte und fühle mich weder mehr noch weniger wert als andere Menschen.

Punkte: 0 1 2

2. Wenn ich ein Ziel erreicht habe, bin ich stolz auf das, was ich erreicht habe, aber ich nutze es nicht, um mich in den Mittelpunkt zu stellen.

Punkte: 0 1 2

3. Mir ist bewusst, dass zu Erfolg nicht nur harte Arbeit, sondern immer auch ein Stück Glück gehört.

Punkte: 0 1 2

Gesamtpunkte *Bescheidenheit und Demut*: ______

Vorsicht:

1. Bevor ich jemandem vertraue, lerne ich die Person erst einmal kennen und versuche, sie einzuschätzen.

Punkte: 0 1 2

2. Ich durchdenke meine Aktionen, bevor ich handele.

Punkte: 0 1 2

3. Wenn ich im Gespräch einen Konflikt lösen will, lasse ich dieses zuerst in meinem Geist ablaufen, um auf alle Eventualitäten vorbereitet zu sein.

Punkte: 0 1 2

Gesamtpunkte *Vorsicht*: ______

Selbstregulation:

1. Wenn es mir emotional nicht gut geht, bin ich auch allein in der Lage, meine Gefühle zu verarbeiten, damit ich mich wieder besser fühlen kann.

Punkte: 0 1 2

2. Ich lasse mich nicht leicht ablenken.

Punkte: 0 1 2

3. Ich verfolge Ziele auch dann konsequent, wenn es lange dauert, sie zu erreichen, und ich bis dahin Nachteile für mich in Kauf nehmen muss.

Punkte: 0 1 2

Gesamtpunkte *Selbstregulation*: ______

Block 6 – Tugend Transzendenz

Sinn für das Schöne und die Exzellenz:

1. Wenn ich in der Natur bin, berührt ihre Schönheit mein Herz.

Punkte: 0 1 2

2. Je mehr ich jemanden oder etwas liebe, desto schöner erscheint mir die Person oder die Sache.

Punkte: 0 1 2

3. Ich entdecke Schönheit auch da, wo andere sie nicht sehen, zum Beispiel in der Einfachheit oder sogar im vermeintlichen Chaos.

Punkte: 0 1 2

Gesamtpunkte *Sinn für das Schöne und die Exzellenz*: ______

Dankbarkeit:

1. Ich mache mir regelmäßig bewusst, was ich alles in meinem Leben habe, für das ich dankbar bin.

Punkte: 0 1 2

2. Wenn mir jemand Liebe oder Vertrauen entgegenbringt, erfüllt mich das mit Dankbarkeit.

Punkte: 0 1 2

3. Wenn ich großes Glück habe, betrachte ich das nicht als selbstverständlich.

Punkte: 0 1 2

Gesamtpunkte *Dankbarkeit*: ______

Hoffnung:

1. Ich bin ein typischer Optimist, für mich ist das Glas immer halb voll.

Punkte: 0 1 2

2. Auch wenn ich mich nicht danach fühle und eine Lage wirklich negativ erscheint, gebe ich mein Bestes, positiv zu denken.

Punkte: 0 1 2

3. Wenn jemand verzweifelt ist, finde ich es am wichtigsten, diesem Menschen die Hoffnung zurückzugeben.

Punkte: 0 1 2

Gesamtpunkte *Hoffnung*: ______

Humor:

1. Ich kann auch mal über mich selbst lachen.

Punkte: 0 1 2

2. Es bereitet mir große Freude, andere zum Lachen zu bringen.

Punkte: 0 1 2

3. Das Leben ist zu kurz, um alles so ernst zu nehmen.

Punkte: 0 1 2

Gesamtpunkte *Humor*: ______

Religiosität und Spiritualität:

1. Ich strebe nach höheren Wahrheiten.

Punkte: 0 1 2

2. Das Leben und die Existenz auf einer tieferen Ebene zu verstehen, ist für mich essenziell.

Punkte: 0 1 2

3. Alles Leben ist heilig.

Punkte: 0 1 2

Gesamtpunkte *Religiosität und Spiritualität*: ______

Tragen Sie hier Ihre Signaturstärken ein:

____

____

____

____

____

Stress als Glücksgegenspieler

Stress in der Tiefe zu verstehen, ist unerlässlich, wenn Ihr Ziel ein zufriedeneres und glücklicheres Leben ist. In der Gesellschaft von heute ist das Wort ‚Stress' in aller Munde, aber die wenigsten Menschen denken wirklich einmal darüber nach, was Stress bedeutet. Häufig wird Stress mit erhöhter Anstrengung assoziiert, in Kombination mit einer verminderten Resistenz. So entsteht ein Bild, das dafür sorgt, dass Menschen, die unter Stress stehen, sich minderwertig fühlen. In Wahrheit ist Stress jedoch ein rein physiologisches Phänomen und es beeinflusst uns auf eine Weise, der wir uns nicht entziehen können.

Zu viel Stress kann nicht nur tödlich sein, er vergiftet auch unsere Art, zu denken und zu fühlen, und sorgt damit langfristig dafür, dass wir uns von unserem Glück eher entfernen. Das klingt nun so, als wäre ein glückliches Leben gar nicht möglich, denn Stress lässt sich in der heutigen Welt kaum vermeiden, besonders im Berufsalltag, doch auch das ist nicht vollständig wahr. Wer Stress versteht und seine Wirkmechanismen kennt, kann langfristig gegensteuern und so auf seine Gesundheit und Zufriedenheit ein großes Stück einwirken.

Das Phänomen, oder besser gesagt der Zustand ‚Stress' entstand bereits vor Millionen von Jahren, lange vor dem Menschen, mit den ersten komplexeren Lebewesen. Es handelt sich nämlich bei Stress um einen reinen Überlebensmechanismus, der in seiner Funktion absolut vollkommen ist und grundsätzlich positiv. Erst mit der Weiterentwicklung des menschlichen Bewusstseins und der immer schneller voranschreitenden Verkomplizierung der Gesellschaft und des täglichen Lebens ist dieser Überlebensmechanismus außer Kontrolle geraten. Als vor langer Zeit die ersten komplexeren Lebewesen entstanden, sahen sie sich einer äußerst gefährlichen Umwelt ausgesetzt. Zu fressen oder gefressen zu werden, lautete die Devise, und nur die Stärksten und Schnellsten überlebten für längere Zeit. Genau an diesem Punkt entstand der Stressmodus. Sobald ein Lebewesen sich einer Gefahr ausgesetzt sieht, reagiert sein Gehirn, indem es die sogenannten Stresshormone – unter anderem Adrenalin und Cortisol – ausschüttet. Diese versetzen den Körper in erhöhte Alarmbereitschaft und sorgen dafür, dass das Herz schneller schlägt und die Lunge mehr Sauerstoff aufnimmt und an die Muskulatur weiterleitet. So wird es dem Lebewesen möglich, schneller zu laufen und effektiver zu kämpfen, was seine Überlebenschancen erhöht.

Dieser Modus, auch bekannt als Fight-or-Flight-Modus, ist alles in allem ein perfekter Mechanismus, der sich selbst reguliert, denn in der Natur hält er nie länger als ein paar Minuten an. Das Lebewesen läuft entweder davon oder stellt sich dem Kampf, dabei werden durch die erhöhte körperliche Anstrengung die Stresshormone wieder abgebaut, bis sich Blutdruck, Kreislauf und Atmung wieder normalisieren. In wenigen Minuten ist die Situation entschieden – entweder, das Lebewesen überlebt und sein Stressmodus ist erschöpft, was dem Körper erlaubt, wieder in den Normalzustand zurückzukehren, oder es stirbt beim Kampf oder der Flucht, was den Stressmodus ebenfalls beendet, wenn auch final. Betrachtet man Stress auf diese Art, wird klar, dass es ein perfekter Mechanismus ist, ohne den es das Leben in seiner heutigen Vielfalt niemals hätte geben können.

Problematisch wurde Stress erst, wie bereits erwähnt, als das Leben des Menschen immer komplizierter und die Gesellschaft immer komplexer wurde. **Der Stressmodus wird** nämlich **von einem sehr alten Teil des Gehirns ausgelöst, dem sogenannten limbischen System, das auch als ‚Reptilienhirn' bekannt ist.** Dieses Gehirnareal ist das, was uns evolutionär aus der Vorzeit geblieben ist, doch genau hier entsteht das Problem. **Dieses Hirnareal ist nicht verbunden mit den Bereichen für logisches Denken; im Grunde handelt es sich hier um unser unbewusstes geistiges Potenzial**. Allein das Auftreten von Gefühlen wie Angst, Überforderung oder Unsicherheit reicht aus, um den Stressmodus zu aktivieren, und da ist keine Instanz, die überlegt und entscheidet, ob eine körperliche Reaktion angemessen oder überhaupt sinnvoll ist. Selbst wenn wir uns darauf trainieren, auf stressauslösende Emotionen mit solchen Überlegungen zu reagieren, hätte das keine Auswirkung auf die Aktivierung des Stressmodus. **Die rationale Intelligenz kann keinerlei Einfluss nehmen auf das limbische System.**

Stellen Sie sich nun einmal vor, Sie werden zu Ihrem Chef gerufen, ohne zu wissen, worum es geht. Es gab in letzter Zeit Gerüchte in der Firma, dass Entlassungen bevorstehen, und sofort kommt ein Gefühl der Beklommenheit oder gar Angst in Ihnen auf. Der Stressmodus ist aktiviert, Ihr Herz schlägt schneller, die Atemfrequenz steigt an. Doch wie auch immer die Situation weitergeht, ob Ihr Chef Sie nun entlässt oder Ihnen eine Beförderung anbietet – die vermeintliche Gefahrensituation ist damit nur für Ihren rationalen Verstand aufgelöst. Das limbische System ist immer noch aktiviert, denn bisher sind Sie nicht in Bewegung geraten. Sie haben weder gekämpft noch sind Sie gerannt, also werden weiterhin Stresshormone produziert und ein Zustand, der eigentlich nicht länger als fünf Minuten anhalten sollte, etabliert sich längerfristig. Eine solche Situation würde noch keinen allzu großen Schaden anrichten, denn sobald Sie irgendwann körperlich in Bewegung kämen, würde der Stressmodus sich auch langsam wieder auflösen. Doch stellen Sie sich bitte einmal nur einen Tag aus Ihrem normalen Alltag im Hinblick auf die Frage vor: „Wie häufig werde ich mit Gefühlen von Angst, Unsicherheit und Überforderung konfrontiert?“

Auch körperliche Schmerzen triggern den Stressmodus, genauso wie sämtliche Gedanken, die in irgendeiner Form Angst oder Unbehagen auslösen. Es genügt schon ein Schreckmoment, zum Beispiel, wenn das Auto vor Ihnen plötzlich eine Vollbremsung macht und Sie es gerade noch rechtzeitig schaffen, ebenfalls abzubremsen. Auch wenn unser Leben reibungslos verläuft, sind wir vor regelmäßig auftretenden Stressmomenten nicht geschützt, das ist einfach ein Teil der menschlichen Existenz. Das einzige tatsächliche Problem besteht in unserer Reaktion darauf, die nämlich in den meisten Fällen einfach vollkommen ausbleibt. Meist registrieren wir nicht einmal bewusst, was gerade in unserem Körper abläuft und dass der Stressmodus aktiv ist. Wir haben uns daran gewöhnt oder reagieren nicht sensibel genug auf die Signale unseres Körpers, und auf diese Art entsteht dauerhafter, chronischer Stress, unter dem wohl die überwiegende Mehrheit der westlichen Weltbevölkerung leidet.

Das **Resultat von chronischem Stress** bekommen wir dann präsentiert in den **Volkskrankheiten Bluthochdruck, Herzrhythmusstörungen, Burnout und Depressionen**, auch wenn dies nur die Spitze des Eisbergs der durch chronischen Stress verursachten Erkrankungen ist. Was dauerhafter Stress im Körper und damit auch im Geist eines Menschen anrichtet, ist vielfältig und beeinträchtigt die Fähigkeit, positive Gefühle zu empfinden, erheblich. Die körperliche Ebene ist tatsächlich so etwas wie der Grundstein jeden Glücks. Ist es Ihnen schon einmal gelungen, positiv zu denken oder gar gut gelaunt zu sein, während Sie richtig krank waren? Die Antwort lautet mit Sicherheit Nein, weil es unmöglich ist. Auch wenn Sie jetzt denken, gestresst zu sein, wäre nicht gleichzusetzen mit „richtig krank zu sein" – solange der Körper nicht zumindest annähernd im Gleichgewicht ist, ist Glücklichsein ziemlich utopisch. Den Grund dafür finden wir in dem, was Stress mit unserem Gehirn anstellt.

Ich erklärte bereits, dass die Ausschüttung von Stresshormonen Herzschlag und Atemfrequenz enorm ansteigen lässt, damit die Muskeln mit extra viel Sauerstoff versorgt werden. Der Körper ist im Ausnahmezustand und leitet sämtliche verfügbare Energie in Herz, Lungen und Muskulatur. Die Versorgung des Gehirns mit Sauerstoff und Nährstoffen hat jetzt niedrigste Priorität, denn im Überlebensmodus setzen wir auf Kraft statt auf kognitive Fähigkeiten. Solange der Stressmodus also anhält, wird unser Gehirn nur notdürftig versorgt und ist kaum leistungsfähig, was bedeutet, dass auch unser Denkvermögen im akuten Stressmodus nicht allzu gut funktioniert. Die Hauptaufgabe des rationalen menschlichen Denkvermögens liegt aber darin, Probleme zu analysieren, zu lösen und die Lösung für die Zukunft abrufbar zu machen, sie gewissermaßen zu speichern. Wenn dies nun aufgrund von chronischem Stress über einen längeren Zeitraum nicht möglich ist, weil das Gehirn nicht ausreichend versorgt ist, häufen sich die Anzahl und die Dringlichkeit der zu lösenden Probleme automatisch. Die Folge sind kreisende Gedanken, die sich um all die Probleme drehen und einem im schlimmsten Fall nachts den Schlaf rauben.

Erst jetzt haben wir den Punkt erreicht, an dem die Psyche ebenfalls von den Folgen des Stressmodus betroffen wird. Doch machen Sie sich an dieser Stelle bitte eines bewusst: Wir sprechen hier von der Psyche im medizinischen Sinn, nicht im spirituellen Kontext. Die Psyche nach medizinischem Verständnis ist nämlich streng genommen ein Teil des Körpers, denn der Begriff bezieht sich auf die Hirnchemie, also auf die chemischen Vorgänge in unserem Gehirn. Dabei geht es hauptsächlich um die Ausschüttung von Hormonen und um eine große Anzahl verschiedener Botenstoffe, sogenannter Neurotransmitter. Diese Botenstoffe werden benötigt, um Informationen von einer Hirnzelle zur nächsten zu übertragen, doch im anhaltenden Stressmodus wird ihre Verfügbarkeit zum Teil stark beeinträchtigt, während von anderen ein Überschuss ausgeschüttet wird. Das Gehirn gerät aus dem Gleichgewicht und die Folgen sind kaum abzusehen, da es hier auf unzählige individuelle Faktoren ankommt. Die Gefühle werden hierdurch unmittelbar beeinflusst, und zwar auf negative Art. Deshalb ist Stress der Glücksfeind Nr. 1!

Es gibt jedoch auch noch eine andere Art von Stress, die in ihrer Auswirkung vollkommen gegensätzlich ist. Grundsätzlich wird zwischen zwei Arten von Stress unterschieden: dem bisher besprochenen negativen Stress, der als Disstress bezeichnet wird, und dem positiven Stress, dem sogenannten Eustress. Diese Art von Stress hat äußerst positive Auswirkungen auf den Körper und damit auch auf die Psyche. Die Definition von Eustress besagt, dass er immer dann auftritt, wenn eine Person mit etwas beschäftigt ist, das sie entsprechend ihrer Fähigkeiten ausreichend fordert. Dies entspricht ziemlich genau der Definition des Flow-Zustands, deshalb ist es wichtig, zwischen diesen zwei Arten von Stress klar zu unterscheiden.

Was die Erklärung des Disstress angeht, muss ich einräumen, dass ich den Extremfall geschildert habe, denn letztendlich hängt das Ausmaß der Beeinträchtigung durch Stress von vielen Faktoren ab. Neben der Häufigkeit und der Dauer akuter Stresszustände kommt es natürlich auch auf die Grundverfassung eines Menschen an, auf seine Resilienz und auf die allgemeinen Lebensumstände. Dennoch sollte nun klar sein, dass der Grundstein für ein glückliches Leben ein gesunder Körper ist. Genauso klar sollte nun sein, dass zu viel Stress die Gesundheit Ihres Körpers stark beeinträchtigt. Deshalb schauen wir uns im folgenden Kapitel die einzelnen stressauslösenden Faktoren und den Umgang mit ihnen einmal genauer an.

STRESSAUSLÖSENDE FAKTOREN

Wenn Sie Ihr Stressniveau dauerhaft niedrig halten möchten, funktioniert dies im Grunde nur über Bewusstseinsarbeit, denn solange Sie sich nicht über stressauslösende Faktoren bewusst sind oder die Signale Ihres Körpers nicht ernst- oder wahrnehmen, können Sie auch nicht gegensteuern. Im Grunde geht es hier um die Hintergründe der positiven Psychologie, denn sehr viele der Charaktereigenschaften, die von ihr als glückfördernd benannt werden, führen zu einem niedrigeren Level von Disstress und zu einem erhöhten Level von Eustress.

An dieser Stelle möchte ich besonders auf die stressauslösenden Faktoren eingehen, die in jedem Menschen versteckt auftreten und derer sich die Wenigsten bewusst sind. Ich spreche von Ihren Gedanken. Diese sind der Hauptgrund für negativen Stress, und aus diesem Grund ist es so wichtig, sich ihrer bewusst zu werden. Sie müssen lernen, Ihren Gedankenstrom jederzeit zu beobachten und ihn falls notwendig zu regulieren. Das ist nicht nur die Basis für weniger Stress, sondern vor allem auch die Grundlage für mehr Zufriedenheit.

Wenn ich von Gedanken spreche, meine ich in diesem Fall natürlich negative Gedanken, und davon gibt es eine ganze Bandbreite, die in jedem von uns – oft unbemerkt – auftreten und uns erheblich schaden. Gedanken haben eine große Kraft. Unser Gehirn bewertet jeden von ihnen, besonders, wenn wir diesem Glauben schenken, und anschließend reagiert es entsprechend der Bewertung mit der Ausschüttung von Hormonen und Neurotransmittern. Das bedeutet, dass negative Gedanken zur Ausschüttung von Stresshormonen führen und positive Gedanken zur Ausschüttung von Glückshormonen. Diese Tatsache können Sie leicht überprüfen, indem Sie einen einfachen Test machen. Bitte nehmen Sie sich dafür jetzt einige Minuten Zeit und sorgen Sie außerdem dafür, dass Sie währenddessen nicht abgelenkt werden.

Setzen Sie sich bequem hin und schließen Sie Ihre Augen. Lenken Sie Ihre Konzentration nach innen, auf Ihren Körper. Spüren Sie in Ihren Körper hinein und nehmen Sie bewusst wahr, wie er sich anfühlt. Wie regelmäßig schlägt Ihr Herz, wie fühlt sich Ihr Bauch an, Ihre Schultern und der Nackenbereich, der Kopf? Fühlen Sie in jeden Körperteil einmal hinein und achten Sie darauf, ob es irgendwelche Verspannungen und/oder Schmerzen gibt. Dies dient erst einmal nur der Bewusstwerdung; an dieser Stelle sollen Sie noch nicht versuchen, auf irgendeine Art einzugreifen, sondern lediglich Kontakt zu Ihrem Körper aufnehmen und ihn bewusst fühlen. Wenn Sie eine innerliche Bestandsaufnahme gemacht haben, geht es nun darum, die Wirkung Ihrer Gedanken auf Ihren Körper einmal bewusst zu testen. Für einen solchen Test eignen sich extreme Gedanken am besten, da Sie so auch eine Wirkung spüren werden, wenn Ihre Körperwahrnehmung eingeschränkt sein sollte.

Beginnen Sie mit einigen **positiven Gedanken**: „Mir geht es gut“, „Ich bin dankbar für …“, „Heute ist ein schöner Tag“, „Ich bin liebenswert“. Nehmen Sie sich Zeit für jeden einzelnen dieser Gedanken und spüren Sie genau in die Reaktionen Ihres Körpers hinein. Wenn Sie nicht gerade in schlechter Grundverfassung sind, sollten Sie spüren können, wie sich in Ihrem Brustraum ein Gefühl der Weite oder Öffnung bildet. Das ist Ihr Herz, das auf diese Gedanken positiv reagiert. Das Herz ist über eine eigene

Nervenleitung direkt mit dem Gehirn verbunden und diese Nervenbahnen sind hauptverantwortlich dafür, ob wir uns im Stressmodus oder im Entspannungszustand befinden. Fühlen Sie eine Weite im Brustkorb, hat Ihr Herz mit Entspannung reagiert. Grundsätzlich führen positive Gedanken, je nach Häufigkeit und Kraft, zu einer Entspannung des gesamten Systems, sodass Sie ihre Auswirkungen im ganzen Körper spüren können, wenn Sie entsprechend sensibilisiert sind. Deshalb kann man vereinfacht sagen: Gefühle der Weite und der Entspannung zeugen von positiven Gedanken und Emotionen. Gefühle der Enge – besonders in Hals, Brustkorb und Bauch – sowie Gefühle der Anspannung zeugen von negativen Gedanken und Emotionen. Das gibt Ihnen ein erstes, relativ einfach zu deutendes Radar für die Erkennung von Stressfaktoren.

Versuchen Sie es nun einmal mit **negativen Gedanken**: „Ich hasse mich“ oder „Ich hasse ...“. Dieser Gedanke ist einer der am besten für einen solchen Test geeigneten Gedanken, denn Hass ist eine der mächtigsten negativen Emotionen. Auf Hassgedanken reagieren unsere Körper extrem: Sie werden Enge im Brustkorb, Bauchraum und/oder Hals fühlen, möglicherweise steigen auch Ihre Herz- und Atemfrequenz und Ihre Muskulatur verspannt sich, besonders im Bereich der Hände, Arme, Schultern und des Nackens. Auch Ihre Grundstimmung wird sich umgehend verschlechtern, vor allem, wenn Sie diesem Gedanken tatsächlich Glauben schenken. Es gibt noch viele andere negative Gedanken, mit denen Sie die Reaktion Ihres Körpers austesten können; am besten lässt sich diese immer mit Gedanken prüfen, an die Sie wirklich glauben. Auch Gedanken, die Angst machen oder von Überforderung zeugen, wie zum Beispiel „Ich kann das nicht schaffen“, „Ich werde versagen“ etc. versetzen Sie in einen akuten Stresszustand. Versuchen Sie es einmal mit einigen Ihrer negativen Glaubenssätze, denken Sie diese bewusst oder sprechen Sie sie laut aus und fühlen Sie, was das mit Ihrem Körper und Ihrer Stimmung macht. Solange Sie eine einigermaßen gute Verbindung zu Ihrem Körper haben, sollten Sie in der Lage sein, deutliche Reaktionen zu bemerken, die Ihnen sicherlich die Augen öffnen werden.

Ein weiterer Faktor, der den Stressmodus auslöst, findet sich auf körperlicher Ebene. **Jede Form von Beeinträchtigung Ihrer Gesundheit und Ihrer körperlichen Balance versetzt das Gehirn nämlich ebenfalls in den Stressmodus**. Erinnern Sie sich bitte, dass für die Ausschüttung von Stresshormonen der primitivste Teil unseres Gehirns verantwortlich ist: das sogenannte Reptilienhirn. Registriert dieser Hirnteil irgendeine Form von körperlicher Beeinträchtigung, sieht er die Überlebenswahrscheinlichkeit bedroht. Wer krank oder verletzt ist, kann weder besonders schnell davonlaufen noch sich effektiv zur Wehr setzen. Folglich gilt eine erhöhte Gefährdung, die dafür sorgt, dass Stresshormone ausgeschüttet werden, damit unser Körper bereit ist, sollte es zu einer Gefahrensituation kommen. Sobald Sie also unter Schmerzen leiden, egal welcher Art, ob Sie nun einen Infekt haben oder eine akute Verletzung auskurieren, müssen Sie besonderes Augenmerk darauf lenken, Ihr Stresslevel zu senken. Doch auch dies wird Ihnen nur möglich sein, wenn Ihnen die Tatsache, dass Ihr Zustand körperlichen Stress verursacht, überhaupt bewusst ist und Sie in der Lage sind, die Signale Ihres Körpers wahrzunehmen und zu verstehen.

Zu den offensichtlichsten stressauslösenden Faktoren gehören vor allem Schreckmomente, etwa wenn Ihnen beinahe ein Unfall geschieht oder Sie sich tatsächlich einer akuten Bedrohung ausgesetzt sehen. Wie nun klar geworden sein sollte, gibt es im menschlichen Leben also eine große Vielzahl an stressbegünstigenden Faktoren, derer man sich zunächst einmal bewusst werden muss, um in der Lage zu sein, gegenzusteuern. Gegensteuern können Sie auf vielfältige Weise, abhängig von den Gründen für Ihren Stress.

Grundsätzlich gibt es zwei Ebenen, auf denen Sie dies tun können: die geistig-emotionale Ebene und die körperliche Ebene. **Sie müssen lernen, Ihre Gedanken und Gefühle zu kontrollieren, eine gute Verbindung zu Ihrem Körper aufzubauen und sich regelmäßig körperlich zu betätigen**. Die intensivste Arbeit gegen Stress findet jedoch tatsächlich auf der geistig-emotionalen Ebene statt. In den folgenden Kapiteln werden wir uns ausführlich damit befassen, was Sie persönlich tun können, um langfristig ein stressfreieres und damit zufriedeneres und glücklicheres Leben zu führen. Dabei werden wir immer wieder auf die Glückstugenden der positiven Psychologie stoßen, wodurch Sie Gelegenheit haben, ein tiefgehendes Verständnis derselben zu erlangen, um deren Erkenntnisse damit sehr viel effektiver in Ihr Leben integrieren zu können.

Gedanken und Emotionen verstehen, beeinflussen und kontrollieren lernen

Warum es unerlässlich ist, dass Sie lernen, Ihre Gefühle und Gedanken zu kontrollieren, haben wir inzwischen ausreichend geklärt. Doch nehmen Sie vermutlich an, dass dies überhaupt nicht oder nur sehr eingeschränkt möglich ist. Dies entspricht jedoch nicht einmal annähernd der Wahrheit, denn Kontrolle wird meist lediglich falsch verstanden. Es geht nicht darum, sich bestimmte Gedanken und Gefühle nicht zu erlauben und damit Erfolg zu haben; dies ist nämlich tatsächlich unmöglich.

Forscher der positiven Psychologie haben anhand von Studien nachweisen können, dass negative Gedanken und Gefühle, die verdrängt werden, in ihrer Stärke und in der Häufigkeit des Auftretens stark zunehmen. Der Schlüssel zur wahren Kontrolle liegt also nicht in der Verdrängung oder darin, sich etwas zu verbieten, sondern vielmehr im Verständnis dessen, was Gedanken und Emotionen sind, wie sie entstehen und zusammenspielen.

Der wichtigste Grundsatz, den Sie sich unbedingt einprägen sollten, lautet wie folgt: **Gedanken und Gefühle sind nicht voneinander getrennt!** Erinnern Sie sich an den kurzen Test, den Sie im letzten Kapitel gemacht haben, um die Reaktionen Ihres Körpers auf bestimmte Gedanken zu testen. Inzwischen sollte deutlich geworden sein, dass Ihre Gedanken der Ursprung nicht nur körperlicher Reaktionen, sondern auch Ihrer Gefühle sind. Streng genommen sind Gefühle nämlich körperlich, da sie durch Hormone ausgelöst werden. Ich erklärte bereits, dass unser Gehirn jeden Gedanken bewertet und entsprechend der Qualität des Gedankens Hormone ausschüttet: Noradrenalin, Adrenalin und Cortisol bei negativen Gedanken sowie Dopamin, Serotonin und Oxytocin bei positiven Gedanken. Natürlich handelt es sich hier um ein sehr komplexes Thema und es gibt eine Vielzahl weiterer Faktoren, die die Ausschüttung bestimmter Hormone beeinflussen, doch für unseren Zweck – nennen wir ihn Gedankenhygiene – ist ein grundlegendes Verständnis dieser Vorgänge absolut ausreichend.

Emotionen sind somit nichts anderes als hormonelle Reaktionen unseres Körpers auf unsere Gedanken, und zwar auf alle Gedanken, die bewussten und die unbewussten. Deshalb werden unsere Emotionen oft auch mit einer Art Radar verglichen, das uns den Weg weist, doch auf jeden Fall sind sie perfekte Anzeiger für das, was in uns vorgeht. Betrachten Sie Ihre Gefühle also einmal als Wegweiser oder besser noch als Boten Ihres Unbewussten. Wenn Sie negative Gefühle verspüren, werden Sie diese nicht auf Dauer verdrängen können, egal wie lange, oft und gut Sie sich ablenken oder Dinge tun, die Ihre Stimmung aufhellen sollen.

Das Einzige, was hier wirklich hilft, ist herauszufinden, woher die negativen Gefühle kommen, denn das versetzt Sie in die Lage, mit Ihrem Geist bewusst gegenzusteuern. So können negative Gefühle transformiert werden, damit sie in der gleichen Form nicht mehr auftreten. Beginnen sollten Sie diese Arbeit damit, dass Sie sich darauf konditionieren, Ihre Gedanken nicht mehr unbeobachtet vor sich hin plätschern zu lassen. Auf diese Art werden Sie eine Menge Ihrer unbewussten negativen Glaubenssätze aufdecken, die Ihnen bisher heimlich das Leben schwer gemacht haben, was Sie wiederum in die Lage versetzt, diese Glaubenssätze zu verändern.

GEDANKENHYGIENE MITTELS NEUKONDITIONIERUNG

Die Aufmerksamkeit bewusst und dauerhaft in eine bestimmte Richtung zu lenken, ist nicht so einfach, denn unser Alltag bietet eine Menge Ablenkung. Hinzu kommt, dass das menschliche Gehirn darauf ausgelegt ist, so viele Abläufe wie möglich zu automatisieren, um Energie für bewusste Aufmerksamkeit einzusparen und nur dort einzusetzen, wo sie wirklich notwendig ist. Auf diese Art wird der Mensch zum Gewohnheitstier, das 80 % des Tages im Autopilotmodus verbringt. Bestimmte Reize triggern bestimmte Verhaltensmuster, die unser Gehirn durch Konditionierung gelernt hat. Doch genau diese Wirkweise kann man sich zunutze machen, um sich gezielt neu zu konditionieren. Deshalb möchte ich an dieser Stelle zunächst einmal den Begriff Konditionierung erklären und Ihnen damit ein mächtiges Werkzeug an die Hand geben.

Konditionierung ist ein Begriff aus dem psychologischen Fachgebiet des Behaviorismus, der von dem russischen Physiologen Iwan Petrowitsch Pawlow mittels einer Studie an Hunden geprägt wurde. Von den Pawlowschen Hunden haben Sie sicherlich schon einmal gehört. Dabei handelte es sich um Hunde, die darauf konditioniert wurden, dass ein bestimmtes Geräusch eine bestimmte Bedeutung hat, nämlich Futter. Pawlow spielte dafür jedes Mal, wenn er die Tiere fütterte, den Klang einer Glocke ab. Nach einer bestimmten Anzahl von Wiederholungen verbanden die Hunde den an sich bedeutungsneutralen Reiz der Glocke mit Futter. Sie reagierten mit vermehrter Speichelproduktion und erhöhter Erregung auf die Glocke, selbst wenn es kein Futter mehr dazu gab. Auf diese Art konnte Pawlow aufdecken, wie unser Gehirn lernt, nämlich indem es bestimmte Reize mit bestimmten Folgen verknüpft und die entsprechenden Reaktionen automatisch auf den Reiz folgen lässt.

Dieses Prinzip der Konditionierung funktioniert auch ohne besondere positive Motivation, also ohne ‚Belohnung'. Das Wichtigste bei der Konditionierung ist die ständige Wiederholung einer Tätigkeit als Folge eines bestimmten Reizes. Ein einfaches und für jeden Menschen alltägliches Beispiel ist das Zähneputzen. Durch jahrelange, konstante Wiederholung in der Kindheit haben Sie sich darauf konditioniert, als Folge bestimmter Reize, zum Beispiel zu essen, morgens aufzustehen oder abends schlafen zu gehen, die Zähne zu putzen. Darüber denken Sie nicht mehr bewusst nach, Sie tun es einfach, weil es ein gewohnter oder konditionierter Ablauf ist. Genauso können Sie sich darauf konditionieren, bei negativen emotionalen oder körperlichen Gefühlen den Fokus auf Ihre Gedanken zu lenken, um die Ursache zu ergründen und gegenzusteuern. Das Schwierigste daran ist der Anfang, denn Sie müssen zunächst einiges an Bewusstseinsenergie aufbringen, um die neue Gewohnheit zu etablieren. Dabei steht Ihnen vor allem der Alltag im Weg, genauso wie Ihre ohnehin schon bestehenden Konditionierungen. Sie benötigen also den Willen, diese neue Konditionierung bewusst anzulegen, und gleichzeitig eine Art Signal, das Ihrem Gehirn die Wichtigkeit dieser Angelegenheit signalisiert. Dafür eignet sich die folgende einfache Übung, die gerade einmal fünf Minuten dauert.

Der Körpercheck

Diese Übung sollten Sie in Ihr tägliches Programm aufnehmen; zu Beginn führen Sie sie am besten direkt vor dem Einschlafen im Bett durch. Das wird Ihnen gleichzeitig dabei helfen, zu entspannen und die Hektik sowie den Stress des Tages loszulassen. Natürlich können Sie diese Übung jederzeit durchführen, besonders, wenn Sie das Gefühl haben, es ginge Ihnen gerade nicht gut. Sie müssen dafür nicht liegen, sondern benötigen lediglich einen Ort, an dem Sie fünf Minuten ungestört sein und es sich bequem machen können. Schließen Sie die Augen und lenken Sie Ihre gesamte Aufmerksamkeit auf Ihre Atmung. Atmen Sie zunächst in einem bestimmten Rhythmus, zählen Sie dafür beim Einatmen bis fünf und atmen Sie dann doppelt so lange aus, indem Sie bis zehn zählen. Das allein sorgt bereits dafür, dass Ihr Körper in den Ruhemodus geht. Wiederholen Sie diese Art der Atmung achtmal, dann atmen Sie einfach tief und ruhig weiter und lenken Ihre Aufmerksamkeit auf Ihre Füße. Fühlen Sie in sie hinein und achten Sie darauf, ob Sie irgendwelche Verspannungen oder andere unangenehme Gefühle bemerken.

Wandern Sie nun hoch in Ihre Unterschenkel und überprüfen Sie auch deren Zustand; machen Sie weiter mit den Oberschenkeln, dem Unterleib, dem Bauchraum, dem Brustkorb, den Armen und Händen, den Schultern, dem Kieferbereich und dem Kopf. Wandern Sie mit Ihrer Aufmerksamkeit einmal durch den gesamten Körper, von unten nach oben. Dabei sollen Sie zunächst nur den Ist-Zustand feststellen, ohne etwas verändern zu wollen oder müssen. Wenn Sie einmal Ihren gesamten Körper überprüft haben, beenden Sie die Übung, indem Sie Ihre Aufmerksamkeit wieder auf Ihre Atmung lenken und die Atemtechnik vom Anfang achtmal wiederholen. Es geht bei dieser Übung noch nicht darum, direkt einzugreifen und etwas zu verändern, sondern nur darum, Ihrem Gehirn anzutrainieren, die bewusste Aufmerksamkeit regelmäßig auf den Körper zu lenken. Wenn Sie die Übung zu einem täglichen Ritual gemacht haben, werden Sie nach einiger Zeit eine Veränderung feststellen:

Ganz allmählich werden Sie auch ohne den direkten Vorsatz immer schneller bemerken, wenn Ihr Körper Ihnen Signale der Anspannung oder des Unwohlseins sendet. Bisher waren Sie es vermutlich gewohnt, diese Signale zu ignorieren oder zu verdrängen, und Sie haben Ihrem Gehirn damit signalisiert, dass sie keine Priorität haben. Nun kehren Sie diesen Kurs um und setzen neue Prioritäten. Es gilt dann natürlich, im nächsten Schritt zu lernen, wie Sie auf solche Körpersignale reagieren sollten, wenn Sie sich ihrer bewusst werden.

Abhängig von dem, was Ihr Körper Ihnen signalisiert, gibt es natürlich unterschiedliche Möglichkeiten, zu reagieren. Entspannungsübungen sind ein wichtiger Teil dieser möglichen Reaktionen und ich werde im späteren Verlauf dieses Buches einige davon aufführen. Momentan liegt unser Fokus jedoch darauf, dass Sie sich der Gedanken bewusstwerden, die negative Emotionen und Körpergefühle auslösen. Dafür müssen Sie parallel zum Körpercheck Ihrem Gehirn auch signalisieren, dass ein Teil Ihrer Aufmerksamkeit immer auf Ihren Gedanken liegen sollte, was Sie am besten mit dem folgenden Versuch einleiten können. Dieser wird Ihnen vor allem die Augen darüber öffnen, wie viele Ihrer Gedanken Ihnen normalerweise nicht bewusst sind, und natürlich auch darüber, dass es sich lohnt, auf sie zu achten.

Der Gedankentest

Mit diesem Versuch signalisieren Sie Ihrem Gehirn, dass eine Verschiebung Ihrer bewussten Aufmerksamkeit auf Ihre Gedanken notwendig ist. Nehmen Sie sich einen Tag Zeit dafür, am besten am Wochenende, wenn Sie nirgendwohin müssen. Beginnen wir zunächst mit einer Liste der Dinge, die Sie benötigen:

- 50 weiße Perlen
- 50 schwarze Perlen
- 1 Glas, in das 100 Perlen hineinpassen
- ein Notizblock.

Um den Versuch durchzuführen, müssen Sie nun den gesamten Tag möglichst bewusst darauf achten, was Sie denken. Jedes Mal, wenn Sie dabei einen positiven Gedanken feststellen, legen Sie dafür eine weiße Perle in das Glas. Stellen Sie einen negativen Gedanken fest, legen Sie eine schwarze Perle in das Glas und schreiben den Gedanken auf. Machen Sie damit so lange weiter, bis alle Perlen aufgebraucht sind, oder zumindest alle Perlen einer Farbe. So haben Sie am Ende eine deutliche Visualisierung der Qualität Ihrer alltäglichen Gedanken. Stellen Sie dieses Glas für eine Weile an einen Ort, an dem Sie es möglichst oft sehen, um sich daran zu erinnern, dass Sie Ihren Gedanken mehr Aufmerksamkeit schenken wollen. Die negativen Gedanken, die Sie aufgeschrieben haben, werden Sie nun im nächsten Schritt hinterfragen und Wege finden, um sie zu transformieren.

Negative Gedanken hinterfragen und transformieren

Der wohl wichtigste Grundsatz, wenn es um die Kontrolle Ihrer Gedanken geht, lautet wie folgt: Glauben Sie nicht alles, was Sie denken! Nicht jeder Gedanke ist automatisch wahr, nur weil er in Ihrem Kopf auftaucht, und auch wenn Sie dies vielleicht zum ersten Mal hören, nicht jeder Gedanke gehört überhaupt Ihnen. Wirkliche Kraft entwickeln Gedanken immer nur dann, wenn Sie diese in Besitz nehmen, das bedeutet, wenn Sie ihnen Glauben schenken und davon ausgehen, dass es Ihre eigenen Gedanken sind.

Indem Sie sich einen neuen Umgang mit Gedanken angewöhnen, sind Sie der Kontrolle bereits einen wichtigen Schritt näher. Dafür möchte ich zunächst einmal erklären, was es mit der Behauptung auf sich hat, dass nicht alle Gedanken in Ihrem Kopf tatsächlich auch Ihnen gehören. Sie können davon ausgehen, dass mindestens 50 % von dem, was Sie denken, von Ihnen lediglich übernommen wurde. Alles, was wir wiederholt hören, setzt sich nämlich in unserem Kopf fest, besonders, wenn es von Menschen kommt, die für uns einen wichtigen Stellenwert haben oder denen wir eine erhöhte Autorität zuschreiben. So entstehen eine Menge Glaubenssätze, also Gedanken, die wir als absolut wahr betrachten, meist ohne sie jemals hinterfragt zu haben. Das meiste davon stammt noch aus der Kindheit, also aus einer Zeit, in der wir darauf angewiesen waren, dass die Erwachsenen uns die Welt erklären. Die Psychologie bezeichnet solche von anderen Menschen stammenden Glaubenssätze als sogenannte ‚Introjekte'.

Wenn Sie zum Beispiel von Ihren Mitschülern immer wieder aufgrund Ihres Aussehens gehänselt wurden, dann wird sich dieser Gedanke auch heute noch in Ihrem Kopf abspulen. Sie glauben, dass Sie unattraktiv und nicht liebenswert sind, und können die Realität aufgrund dieses Glaubenssatzes nicht einmal richtig wahrnehmen. Oder nehmen wir an, Sie hatten vielleicht Schwierigkeiten in einigen Schulfächern, mit bestimmten Lehrern oder konnten den hohen Ansprüchen Ihrer Eltern nicht genügen. Man hat Sie damals vielleicht als dumm bezeichnet, faul, lernunwillig oder Ähnliches, und diese Gedanken sitzen nach wie vor in Ihrem Kopf fest und beeinträchtigen somit auch noch Ihr heutiges Leben. So werden Sie zum Sklaven von Gedanken, die Ihnen von anderen implantiert wurden, und formen sich eine völlig verdrehte Realität. Deshalb müssen Sie nun beginnen, jeden einzelnen negativen Gedanken, den Sie bei sich entdecken, auf seinen Wahrheitsgehalt hin zu überprüfen.

Wenn Ihnen also ein negativer Gedanke bzw. Glaubenssatz auffällt, stellen Sie als Erstes einmal die Frage, ob das wirklich wahr ist, was Sie da glauben. Suchen Sie nach Beweisen für den Wahrheitsgehalt, und zwar nicht nur in Ihren Gedanken, sondern beziehen Sie, wenn möglich, auch andere Personen ein, denen Sie vertrauen. Fragen Sie diese Menschen, ob Sie diesen Glaubenssatz tatsächlich bestätigen können und was sie davon halten. Erstellen Sie eine schriftliche Pro-und-Contra-Liste mit Gründen, die für, und Gründen, die gegen den Wahrheitsgehalt sprechen. Besonders achtsam sollten Sie werden, wenn Sie auf generalisierende Gedanken stoßen, wie zum Beispiel: „Jeder sagt/denkt das" oder „Das war schon immer so/ist immer so". Solche allgemeingültigen Aussagen können gar nicht wahr sein, sie geben Ihnen also einen sicheren Hinweis darauf, dass Sie hier etwas Falsches denken oder glauben. Zu guter Letzt können Sie sich auch jederzeit entscheiden, etwas anderes zu denken und etwas Positiveres zu glauben. Wenn ein negativer Gedanke in Ihnen aufkommt, sagen Sie in Ihrem Kopf sofort „Stopp". Damit unterbrechen Sie den Gedanken und nehmen ihm bereits eine Menge an Kraft. Korrigieren Sie den Gedanken dann durch das, was Sie lieber denken möchten.

Nehmen wir zum Beispiel den Glaubenssatz „Ich bin faul". Sobald Sie merken, dass Sie das wieder einmal denken, sagen Sie zunächst „Stopp!" mit aller Entschiedenheit, die Ihnen möglich ist. Dann denken oder sagen Sie: „Das ist nicht wahr! Wenn ich motiviert bin, arbeite mit ich mit großem Fleiß und großer Sorgfalt. Ich bin nicht faul, sondern lediglich unmotiviert." Im nächsten Schritt können Sie sich überlegen, ob Sie etwas an der Situation ändern möchten, also ob Sie zum Beispiel nach Wegen suchen, um sich stärker zu motivieren, oder ob es nicht vielleicht sogar in Ordnung ist, wenn Sie nicht motiviert sind. Wichtig ist vor allem, dass Sie sich immer wieder eines bewusst machen: Sie allein können darüber entscheiden, was für Sie richtig oder falsch, wichtig oder unwichtig ist. Es ist Ihr Leben und niemand kann nachvollziehen, wie es sich für Sie anfühlt, wie Ihre Welt aussieht und was Ihnen wichtig ist. Erst recht kann und darf niemand anderes darüber bestimmen, nicht über Ihre Realität, nicht über Ihre Gedanken und Gefühle. Deshalb sind Sie in Wahrheit frei und Ihren Gedanken nur so lange ausgeliefert, wie Sie an sie glauben.

Je häufiger Sie auf diese Art mit Ihren Gedanken arbeiten, desto mehr wird Ihnen klar werden, wer wirklich das Sagen in Ihrem Kopf hat. Wenn es um Gedanken geht, die Ihnen Stress verursachen, wie zum Beispiel angstvolle Gedanken, nehmen Sie sich einige Minuten Auszeit, schließen Sie die Augen und konzentrieren Sie sich auf Ihre Atmung. Sagen Sie dann in Gedanken ein Mantra auf: „Ich bin in Sicherheit. Alles ist in Ordnung.“ Verbinden Sie dabei jede Silbe mit einem Atemzug, also Einatmen „Ich“, Ausatmen „bin“ etc. Auf diese Art wird Ihre Atmung vertieft und Ihr Geist gezwungen, sich auf die Aufgabe zu konzentrieren, den Atem mit den Gedanken zu synchronisieren. Dadurch werden Sie von angstvollen oder stressverursachenden Gedanken abgelenkt und der Stressmodus wird langsam abgebaut. Fahren Sie mit dieser Übung so lange fort, bis Sie sich spürbar körperlich entspannen.

Zu guter Letzt müssen Sie noch lernen, wie Sie negativen Emotionen begegnen sollten und diese transformieren können. Damit werden wir uns im folgenden Kapitel beschäftigen.

DER RICHTIGE UMGANG MIT EMOTIONEN

Negative Emotionen stehen Ihrem Glück logischerweise im Weg, doch scheint es oft schier unmöglich, ihnen zu entkommen, vor allem, wenn man erst einmal mittendrin steckt. Allzu leicht setzen sich solche Gefühle dann für längere Zeit fest; man versucht, ihnen auszuweichen, sich abzulenken oder sie zu verdrängen. Doch sicher haben Sie bereits festgestellt, dass diese Strategie wenig erfolgreich ist, denn bestimmte negative Gefühle kehren immer wieder. Vermutlich fühlen sich die meisten Menschen ihren Gefühlen noch weit mehr ausgeliefert als ihren Gedanken. Deshalb erinnern Sie sich an dieser Stelle bitte daran, was ich zu Beginn dieses Kapitels erklärt habe: Emotionen werden durch Hormone ausgelöst und sind somit nichts als die hormonelle Antwort Ihres Körpers auf Ihre Gedanken. Dass Sie lernen können, Ihre Gedanken zu kontrollieren, und wie dies zu bewerkstelligen ist, haben wir bereits behandelt, deshalb kann ich Ihnen versichern, dass, je mehr Sie Ihre Gedanken unter Kontrolle bringen, sich auch Ihre Emotionen kontrollieren lassen. Ihre Emotionen folgen schließlich nur dem, was Sie denken. Schwierig wird es nur, wenn sie von Gedanken stammen, die tief in Ihrem Unterbewusstsein verankert sind, sodass Sie keinerlei bewussten Zugriff darauf haben.

Grundsätzlich gilt: Sobald Sie negative Emotionen verspüren, sollten Sie sofort Ihre Aufmerksamkeit darauf lenken, was Sie gerade denken. Wenn Sie an dieser Stelle den auslösenden Gedanken finden können, liegt es in Ihrer Hand, diesen zu bearbeiten und umzulenken, was auch eine emotionale Erleichterung bringen wird. Sollte es Ihnen jedoch nicht gelingen, dem Ursprungsgedanken für ein bestimmtes Gefühl auf die Schliche zu kommen, handelt es sich meist um verdrängte Erlebnisse, die Sie nicht verarbeiten konnten. Diese haben sich mit bestimmten Glaubenssätzen verbunden, die ständig in Ihrem Unterbewusstsein abgespult werden, jedoch wird Ihnen der bewusste Zugriff darauf verweigert. Für diese Fälle gibt es zwei Techniken aus der Traumatherapie, die Ihnen helfen können und die ich im Folgenden vorstellen möchte. Diese werden Sie in die Lage versetzen, solchen Gefühlen auf angemessene Weise zu begegnen, die unbewusste Blockade zu durchbrechen und die dahinter verborgenen Gedankeninhalte zu transformieren.

Machen Sie sich bitte eines bewusst: Gefühle sind Botschafter; sie haben Ihnen etwas mitzuteilen. Grob gesagt ist Ihre Botschaft als Navigationshilfe zu verstehen: Fühlen Sie sich gut, sollten Sie weiter in die Richtung gehen, die Sie eingeschlagen haben. Fühlen Sie sich schlecht, dann stimmt etwas nicht und Sie sollten dringend nach den Ursachen suchen, damit Sie etwas ändern können. Negative Gefühle lassen sich deshalb nicht verdrängen, weil ihre Botschaft an Sie wichtig ist. Deshalb können sie sich erst dann auflösen, wenn Sie sie verstanden und entsprechend gehandelt haben.

Durch Verdrängung wird die Botschaft einer Emotion immer nur dringlicher, bekommt mehr und mehr Energie und wird sich verstärken, sowohl in ihrer Intensität als auch in der Häufigkeit ihres Auftretens.

Deshalb ist es zwingend notwendig, sich mit negativen Emotionen auseinanderzusetzen, wenn Sie tatsächlich in der Lage sein wollen, mehr Zufriedenheit, Ausgeglichenheit und somit auch Glück im Leben zu erlangen.

Die emotionale Reise in die Vergangenheit

Diese Technik geht davon aus, dass nicht verarbeitete Emotionen nicht nur immer wieder zurückkehren, um sich Gehör zu verschaffen, sondern dass Ihr Unterbewusstsein auch immer wieder Situationen kreiert, die dieses Gefühl triggern. Deshalb eignet sie sich besonders für diffuse Emotionen, die immer wiederkehren, deren Ursprung Sie jedoch einfach nicht feststellen können. Sie können Sie allein durchführen oder mithilfe eines vertrauten Menschen, der die Funktion eines Supervisors einnimmt und Sie mithilfe gezielter Fragen durch den Prozess führt. Dafür sollte diese Person am besten dieses Kapitel gelesen haben, damit sie weiß, was zu tun ist.

Zu Beginn der Übung ist es wichtig, dass Sie sich entspannen. Schließen Sie Ihre Augen und beginnen Sie, sich auf Ihre Atmung zu konzentrieren. Atmen Sie wieder doppelt so lange aus, wie Sie einatmen, zählen Sie also beim Einatmen bis fünf, beim Ausatmen bis zehn. Nehmen Sie sich Zeit und atmen Sie für einige Minuten auf diese Art, bis Sie zu einer gleichmäßigen und tiefen Atmung übergehen und Ihren Fokus auf Ihre Gefühle lenken.

Versuchen Sie nun, die negative Emotion, der Sie auf den Grund gehen wollen, in sich wachzurufen. Es ist am einfachsten, diese Technik auszuführen, wenn diese Emotion ohnehin gerade präsent ist. Sie können sie jedoch auch jederzeit hervorholen, indem Sie sich einfach an das Gefühl erinnern und diesem dann nachgeben. Dafür können Sie sich ruhig ein wenig hineinsteigern – je präsenter das Gefühl, desto Erfolg versprechender ist diese Technik. Sobald Sie vollständig mit dem entsprechenden Gefühl verbunden sind, stellen Sie sich vor, dieses Gefühl wäre ein Mensch. Sprechen Sie nun in Gedanken mit diesem Menschen oder lassen Sie die Person, die Sie anleitet, mit dem Gefühl sprechen. In diesem Fall stellt diese Person die Fragen und das Gefühl antwortet Ihnen. Ob Sie diese Antwort dann laut aussprechen oder lieber im Stillen damit arbeiten wollen, bleibt Ihnen überlassen.

Bevor Sie beginnen können, Fragen zu stellen, ist es zunächst wichtig, dass Sie sich dem Gefühl gegenüber tatsächlich öffnen. Behandeln Sie es wie eine Person, die Ihnen etwas Wichtiges mitzuteilen hat, nehmen Sie es ernst. Deshalb begrüßen Sie das Gefühl nun und sagen entweder laut oder in Ihrem Geist: „Ich nehme dich voll wahr. Danke, dass du da bist!“ Dies allein kann schon zu einer leichten Veränderung des Gefühls führen, zumindest werden Sie aber eine emotionale Reaktion verspüren, die meist in Erleichterung oder sogar Dankbarkeit zum Ausdruck kommt. Nun können Sie die erste Frage an das Gefühl richten: „Wann habe ich mich das letzte Mal so gefühlt?“ Lassen Sie jetzt los, vertrauen Sie darauf, dass die Antwort kommen wird. Je lockerer und entspannter Sie sind, umso schneller wird eine Erinnerung in Ihrem Kopf auftauchen und das entsprechende Gefühl wird sich dabei verstärken. Lassen Sie das zu, bleiben Sie so entspannt wie möglich und durchleben Sie diese Erinnerung noch einmal.

Nachdem Sie diesen Prozess durchlaufen haben, ist es an der Zeit für die nächste Frage: „Kannst du mir noch weitere Situationen zeigen, in denen ich mich so gefühlt habe?“ An dieser Stelle werden Sie auf eine ganze Kette von Ereignissen stoßen, die Sie vermutlich zum größten Teil lange vergessen geglaubt haben. Es ist wichtig, all diese Erinnerungen bewusst zu durchleben und zu fühlen, damit Sie in der Lage sind, ein tieferes Verständnis für das betreffende Gefühl aufzubauen. Sie sollten einen immer stärker werdenden Aha-Effekt verspüren, während Sie sich diesem Prozess einfach hingeben. Wenn die Kette der Erinnerungen abreißt, ist es schließlich Zeit, sich der entscheidenden Frage nach dem Ursprung des Gefühls zu stellen. „Wann habe ich mich zum ersten Mal so gefühlt?“ Bei dieser Frage gibt es zwei Möglichkeiten, wie es weitergehen kann. Diese sind vor allem davon abhängig, wie alt Sie waren, als die Emotion das erste Mal auftrat, doch auch davon, wie stark das auslösende Ereignis verdrängt wurde. Handelt es sich um etwas, das sich vor dem Alter von drei Jahren abgespielt hat, ist die

Wahrscheinlichkeit groß, dass Sie keine klare Erinnerung als Antwort erhalten. Stattdessen wird die Emotion sich verändern und Sie werden möglicherweise auch mit Körpergefühlen konfrontiert. Zur Verdeutlichung möchte ich hier einmal ein Beispiel für eine solche Möglichkeit anführen. Stellen Sie sich vor, die betreffende Erinnerung hat sich abgespielt, als Sie sich noch im Mutterleib befanden

Gehen wir von der folgenden Situation aus: Ihre Mutter hatte einen Unfall, als sie mit Ihnen schwanger war; sie ist eine Treppe hinuntergefallen und verspürte dabei Gefühle der Unsicherheit, der Angst und natürlich Schmerzen. Sie selbst als Fötus haben vermutlich einige starke Stöße abbekommen und Ihr Organismus wurde zusätzlich von den Stresshormonen Ihrer Mutter überflutet. Dies führt bei Ihnen heute noch zu einem ständigen Gefühl der Unsicherheit, Beklommenheit und Angst, dessen Ursache Sie einfach nicht greifen können. Gleichzeitig sind Sie verstärkt anfällig für Unfälle, möglicherweise sogar tollpatschig.

Was Sie in diesem Fall bei der letzten Frage als Antwort erhalten könnten, wären Gefühle des körperlichen Eingeengt-Seins, des Sich-nicht-richtig-bewegen-Könnens in Verbindung mit Schmerzen, Unsicherheit und Angst. Eine solche Antwort ist schwer zu greifen und zu verstehen, doch an dieser Stelle können Sie das Gefühl darum bitten, Ihnen eine klarere Antwort in Form von Bildern zu geben, damit Sie verstehen können, was geschehen ist. Die Bilder, die dann auftauchen werden, müssen nicht zwangsläufig eins zu eins der Realität dessen entsprechen, was damals geschehen ist. Sie werden Ihnen aber in jedem Fall einen korrekten Eindruck der emotionalen Qualität des entsprechenden Ereignisses liefern, mit dem Sie arbeiten können.

Unabhängig davon, ob Sie nun auf eine Erinnerung stoßen, die sich vor der Zeit abgespielt hat, in der Sie bereits bewusste Erinnerungen abgespeichert haben, oder ob es sich um eine klare Erinnerung aus späterer Zeit handelt, müssen Sie nun im letzten Schritt beginnen, diese zu bearbeiten und zu verändern. Bevor ich jedoch erkläre, wie Sie das tun können, möchte ich aber auf den Grund für diese Vorgehensweise eingehen, damit Sie verstehen, warum eine solche Veränderung Ihrer Erinnerungen tatsächlich etwas bewirken kann.

Erinnerungen sind nicht statisch. Sie werden zwar in unserem Gehirn in einem neuronalen Netzwerk - einer Vernetzung aus Nervenzellen - abgespeichert, diese Netzwerke sind jedoch flexibel und können verändert werden. Würde man unser Gehirn mit einem Datenträger vergleichen, dann wäre es eine Festplatte, die wiederbeschreibbar ist, statt einer CD, die nur ausgelesen werden kann. In der Tat ist es so, dass in jedem Menschen auch eine Menge verfälschter Erinnerungen abgespeichert sind. Meist handelt es sich dabei um Erinnerungen, die übertrieben sind, verursacht durch die Gefühle, die davon ausgelöst wurden und die in ihrer Intensität zu stark erscheinen für das jeweilige Erlebnis. Es gibt aber auch andere Gründe, aus denen Erinnerungen verändert werden können. Vielleicht kennen Sie die Art Mensch, die man als chronischen Lügner bezeichnen könnte. Es beginnt mit einer kleinen Lüge; um diese aufrechtzuerhalten, folgt bald die nächste und schon bald verstrickt sich diese Person in einem regelrechten Netz aus Lügen.

Um nicht den Überblick zu verlieren und Gefahr zu laufen, aufzufliegen, ist diese Person gezwungen, ihre vielen Lügen ständig im Gedächtnis zu behalten. Dadurch werden ursprüngliche Erinnerungen mit der Zeit überschrieben, sodass die Person selbst glaubt, die Lüge entspräche der Wahrheit.

Dieses Wissen können Sie sich nun zunutze machen, indem Sie die Erinnerung, die als ursprünglicher Auslöser des negativen Gefühls ans Licht gekommen ist, auf positive Art verändern. Dafür müssen Sie sie jedoch erst einmal genauso durchleben, wie sie Ihnen präsentiert wird, um zu verstehen, was das entsprechende Gefühl verursacht hat. Nur so können Sie entscheiden, auf welche Art Sie die Erinnerung verändern sollten. Ich möchte Ihnen nun einige Beispiele an die Hand geben, wie Sie diese Technik ausführen können. Dabei werde ich sowohl auf den Fall eingehen, dass auf die letzte Frage eine klare Erinnerung ans Licht kommt, als auch auf den Fall, dass Sie lediglich mit vagen Gefühlen und Körpergefühlen konfrontiert werden.

Nehmen wir an, Sie führen diese Technik aus, weil Sie immer wieder mit dem Gefühl konfrontiert werden, nichts richtig machen zu können. Dieses ständig wiederkehrende Gefühl führt dazu, dass Sie sich immer weniger zutrauen, und irgendwie scheint sich dieses Gefühl auch immer wieder zu bestätigen. Auf die Frage, wann Sie sich das letzte Mal so gefühlt haben, kam das folgende Ereignis zutage: Ihnen wurde auf der Arbeit eine Aufgabe zugeteilt, die Sie zwar vollständig erledigt und bei der Sie größte Sorgfalt angewandt haben, bei der Ihnen aber dennoch ein kleiner Fehler unterlaufen ist, der dazu führte, dass Sie alles noch einmal tun mussten. Ihr Vorgesetzter hat Sie deswegen auch noch ermahnt, sorgfältiger zu arbeiten. Für Sie hat sich das angefühlt, als würde Ihnen der Boden unter den Füßen weggezogen, und es ist Ihnen kaum gelungen, die Fassung zu wahren. Darauf haben Ihre Kollegen wiederum mit Unverständnis reagiert, da sie diese Reaktion für überzogen und unangemessen hielten.

Auf die nächste Frage, bei welchen Gelegenheiten Sie dieses Gefühl noch verspürt haben, kommt nun eine ganze Kette an ähnlichen Ereignissen zutage, die immer nach dem gleichen Schema abgelaufen sind. Sie wollten helfen oder etwas tun, was Ihnen aufgetragen wurde, und dabei unterlief Ihnen ein kleiner Fehler. Als Ergebnis gab es jedes Mal emotional völlig übertriebene Reaktionen seitens der Beteiligten und von Ihnen selbst. Nun kommen Sie zur letzten Frage, wann Sie sich zum ersten Mal so gefühlt haben. Die Antwort offenbart sich dann in einer Erinnerung aus der Zeit, als Sie gerade einmal fünf Jahre alt waren und die Sie bis dahin vollkommen vergessen hatten. Sie wollten damals Ihrer Mutter eine Freude machen, indem Sie den Abwasch für sie erledigten. Dabei erhofften Sie sich außerdem, dass sie dann mehr Zeit dafür hätte, mit Ihnen zu spielen. Sie machten sich also an die Arbeit und waren schon mit dem Abtrocknen des Geschirrs fast fertig, als Ihnen plötzlich ein Glas aus der Hand rutschte, zu Boden fiel und zersprang. Alarmiert durch das laute Geräusch kam nun Ihre Mutter in die Küche und sah, was geschehen war.

Statt Ihren freiwilligen Einsatz aber überhaupt zu bemerken oder gar zu würdigen und zu honorieren, reagierte sie für Sie vollkommen unverständlich und übertrieben. Sie schimpfte mit Ihnen, sagte, dass Sie einfach nichts richtig machen können, und schickte Sie zur Strafe in Ihr Zimmer. Diese Situation konnten Sie damals emotional nicht verarbeiten, da Sie gar nicht in der Lage waren, die Reaktion Ihrer Mutter zu verstehen. Immerhin wollten Sie ihr eine Freude machen und haben das Glas nicht absichtlich fallen lassen. Diese eine Situation, die ein unverarbeitetes Gefühl zur Folge hatte, verursachte nun im Lauf der Zeit immer wieder neue Erlebnisse, die nach diesem Schema abliefen, weshalb es nun an der Zeit ist, die Erinnerung so zu verändern, dass sich das Gefühl des Nichts-richtig-machen-Könnens endlich verabschieden kann. Dafür lassen Sie die Erinnerung in Ihrem Geist noch einmal ablaufen, bis zu der Stelle, an der Ihnen das Glas herunterfällt und Ihre Mutter den Raum betritt. Nun haben Sie verschiedene Möglichkeiten, wie Sie diese Erinnerung verändern können:

Lassen Sie Ihre Mutter nun einfach so reagieren, wie Sie es sich damals gewünscht und wie Sie es gebraucht hätten, also mit Verständnis für den kleinen Unfall. Vor allem sollte Ihre Mutter sich jedoch darüber freuen, dass Sie den Abwasch für sie gemacht haben und dies genauso honorieren, wie Sie es sich damals erhofft haben, nämlich, indem sie sich die Zeit nimmt, mit Ihnen zu spielen. Eine Alternative, diese Erinnerung ins Positive zu verschieben, wäre, eine andere Person in die Erinnerung einzubringen, zum Beispiel Ihren Vater oder Ihre Großmutter, die hinzukommt, Sie tröstet und die falsche Reaktion Ihrer Mutter korrigiert. Folgen Sie hierbei Ihrem Bauchgefühl, um die bestmögliche Lösung für sich auszuwählen. Diese neue, veränderte Erinnerung sollten Sie nun in der kommenden Zeit immer wieder einmal im Geiste ablaufen lassen. Wenn Sie den Effekt noch verstärken möchten, können Sie auch die anderen Erinnerungen, die diese Technik ans Licht gebracht hat, auf die gleiche Weise verändern. Um eine dauerhafte

Veränderung Ihrer Erinnerungen und somit die Auflösung des negativen Gefühls zu bewirken, benötigt es mindestens zehn bis zwanzig Wiederholungen. Dafür müssen Sie jedoch nicht die gesamte Technik wiederholen, sondern lediglich die neue Erinnerung in Ihrem Geist abspielen.

Kommen wir nun noch zu dem möglichen Fall, dass bei Durchführung dieser Technik keine klare Erinnerung ans Licht kommt, sondern lediglich vage Gefühle in Verbindung mit Körpergefühlen. Sie können nun darum bitten, dass Sie eine verständlichere Antwort in Form von Bildern bekommen. Wenn dies funktioniert, gehen Sie genauso vor, wie eben beschrieben. Sollte dies aber nicht zum Erfolg führen, können Sie eine andere Frage stellen: „Was brauchst du, um dich besser zu fühlen?“

Auf diese Frage werden Sie sicher eine Antwort erhalten; diese kann in Form von Worten, Gefühlen oder auch Bildern in Ihrem Geist auftauchen. Dann sind Sie gefordert, sich selbst genau dies zu geben. Sollte die Antwort zum Beispiel „Mitgefühl“ sein, dann sollten Sie dem ursprünglichen Gefühl, wegen dem Sie diese Technik ausführen, ab sofort bei jedem Auftauchen Mitgefühl entgegenbringen. Solche Fälle sind meist etwas komplexer und langwieriger, da sie eine größere Baustelle offenbaren, an der Sie längerfristig arbeiten müssen. Dennoch können Sie auch hier mit etwas Geduld erreichen, dass Sie das negative Gefühl auf lange Sicht auflösen bzw. transformieren können.

Wenn Sie die Technik nun bis zum Ende durchgeführt haben, nehmen Sie sich bitte noch kurz Zeit. Bedanken Sie sich bei dem Gefühl für die Kooperation und bitten Sie darum, dass es wiederkehrt, sollte dies einmal notwendig sein. Wenn dies je geschehen sollte, können Sie wieder auf die gleiche Art damit arbeiten. Dann verabschieden Sie sich und konzentrieren sich wieder für einige Minuten ganz auf Ihre Atmung. Spüren Sie dabei bewusst in Ihren Körper hinein und entspannen Sie sich. Erst dann können Sie langsam Ihren Fokus wieder ins Hier und Jetzt lenken und die Augen öffnen. Vermutlich werden Sie im Anschluss an diese Übung verstärkte Müdigkeit verspüren, der Sie unbedingt nachgeben sollten. Emotionale Verarbeitung verbraucht eine Menge an geistiger Energie; Sie tun also gut daran, Ihre Akkus im Anschluss wiederaufzuladen.

Belastende Traumata auflösen mit EMDR

Unter Traumata versteht man nicht ausschließlich schreckliche Erlebnisse, wie zum Beispiel überfallen oder vergewaltigt zu werden. In der Psychologie wird jedes Ereignis, das ein Mensch emotional oder rational nicht verarbeiten konnte, als Trauma bezeichnet. Deshalb mögen manche traumatischen Ereignisse für außenstehende Personen durchaus nicht als solche erscheinen, wie das Beispiel mit dem Kind aus der vorigen Übung, das beim Abwaschen das Glas hat fallen lassen. Was jedoch alle Traumata gemeinsam haben, ist die Tatsache, dass sie einen immensen Einfluss auf unser Leben haben, auch noch lange, nachdem sie geschehen sind, und dass dieser Einfluss alles andere als positiv ist. Damit stehen sie einem glücklichen, zufriedenen und ausgeglichenen Leben natürlich entscheidend im Weg, weshalb es zwingend notwendig ist, sie zu bearbeiten. Für diesen Zweck hat die amerikanische Literaturwissenschaftlerin und Psychologin Francine Shapiro eine Methode entwickelt, die sich EMDR nennt. EMDR ist ein Kürzel für Eye Movement Desensitization and Reprocessing, was sich frei übersetzen lässt mit ‚Desensibilisierung und Aufarbeitung durch Augenbewegungen'.

Die Entwicklung dieser Methode ist dabei eher einem Zufall zu verdanken und bis heute weiß die Wissenschaft nicht sicher, warum sie funktioniert, obwohl es eine Theorie dazu gibt. Doch auch wenn die Wirksamkeit nicht wissenschaftlich erklärt werden kann, konnte sie anhand von Studien zweifelsfrei nachgewiesen und zu 100 % bestätigt werden. EMDR funktioniert, wie der Name schon aussagt, mithilfe von Augenbewegungen. Diese Augenbewegungen werden immer von links nach rechts durchgeführt, während man ein traumatisches Ereignis im Geiste noch einmal durchlebt. Da der Mensch im REM-Schlaf, also während der Traumphase, die gleichen Augenbewegungen durchführt, geht man davon aus, dass dadurch eine Synchronisation beider Gehirnhälften stattfindet, die wiederum eine

Aufarbeitung des traumatischen Ereignisses ermöglicht. Entdeckt hat Francine Shapiro diese Methode rein zufällig während eines Spazierganges. Sie war an diesem Tag nach einem Streit mit ihrem Partner sehr aufgewühlt und wütend und es war ihr nicht möglich, sich wieder zu beruhigen, weshalb sie schließlich zu einem Spaziergang aufbrach. Dabei wendete sie ohne besonderen Grund ihren Blick ständig von einer Seite des Weges auf die andere, bis sie schließlich bemerkte, dass ihre Emotionen sich veränderten. Sie durchlief mehrere verschiedene emotionale Stadien, die schließlich in einer Art erschöpfter Entspannung endeten. Francine war erstaunt über dieses Ereignis und in ihr kam der Verdacht auf, dass möglicherweise die Augenbewegungen diese Verarbeitung ausgelöst hatten. Sie testete diesen Verdacht daraufhin mehrfach an sich selbst und in einer Studie an anderen Menschen, bis sie ihn bestätigt hatte. So entstand die bis heute wirksamste Methode zur Aufarbeitung von Traumata.

EMDR lässt sich problemlos allein durchführen. Wenn Sie damit ein schweres Trauma bearbeiten möchten, empfehle ich jedoch, dass Sie sich eine Person Ihres Vertrauens dazu holen. Da Sie die traumatische Erinnerung dafür noch einmal vollständig durchleben müssen, kann es hilfreich sein, im Anschluss darüber sprechen zu können. Außerdem fühlen Sie sich auf diese Art sicherer während der Durchführung. Suchen Sie sich dafür einen Ort, an dem Sie sich wohlfühlen und ungestört sind; nehmen Sie sich außerdem ausreichend Zeit. Je nach Art des Traumas kann eine EMDR-Sitzung auch mal eine Stunde dauern. Machen Sie es sich nun bequem; ob Sie sitzen oder liegen möchten, bleibt ganz Ihnen überlassen. Als Nächstes suchen Sie sich zwei Fixpunkte im Raum, einen links von Ihnen, den anderen rechts. Alternativ können Sie jedoch auch mit geschlossenen Augen arbeiten, was vielen Menschen leichter fällt. Wichtig ist nur, dass Sie für die gesamte Dauer der Sitzung Ihre Augen von links nach rechts bewegen.

Während Sie dies tun, müssen Sie sich nun in Ihre traumatische Erinnerung zurückversetzen und diese von Anfang bis Ende noch einmal erleben, während Sie die Augenbewegungen machen. Achten Sie dabei auf Ihre

Gefühle, die sich nach einem bestimmten Schema verändern sollten. Zu Beginn werden Sie Ohnmacht fühlen, da dies die Ausgangsemotion jedes Traumas ist. Nach einer Weile sollte dieses Gefühl der Ohnmacht sich in Wut oder Entrüstung verwandeln. Damit sind Sie auf der emotionalen Skala auf die nächsthöhere Stufe aufgestiegen und haben sich aus der Ohnmacht befreit. Erlauben Sie sich die Wut, die Sie nun fühlen, die Wut über das, was Ihnen geschehen ist. Diese Wut ist berechtigt und muss gefühlt werden, damit Sie die nächste Stufe der Emotionen erreichen können: Traurigkeit. Auch dieses Gefühl sollten Sie einfach zulassen. Wenn Ihnen danach ist, zu weinen, unterdrücken Sie es bitte nicht. Jeglicher Ausdruck von Gefühlen ist hier erlaubt und erwünscht. Mit der Traurigkeit haben Sie auch schon beinahe das Ende erreicht, denn diese wird mit der Zeit in einer Art Erschöpfung münden. An dieser Stelle ist die Sitzung beendet und Sie sollten sich nun Zeit nehmen, auszuruhen. Am besten führen Sie eine solche Sitzung deshalb abends durch, damit Sie danach schlafen gehen können. So geben Sie Ihrem Unterbewusstsein die zusätzliche Chance, eventuelle Reste im Traum aufzuarbeiten.

Es ist gut möglich, dass während der EMDR-Sitzung plötzlich Assoziationen zu anderen Erinnerungen auftauchen. Sollte dies geschehen, geben Sie dem nach und durchleben Sie auch diese Erinnerungen. Alles, was während einer solchen Sitzung in Ihrem Geist auftaucht, ist mit dem ursprünglichen Trauma verknüpft und sollte deshalb ebenfalls verarbeitet werden. Sollten Sie das Gefühl haben, der Vorgang dauert Ihnen zu lange, ist emotional zu anstrengend oder Sie kommen vielleicht nicht weiter, ist es ratsam, die Sitzung vorzeitig zu beenden. Dadurch entsteht keinerlei Schaden, im Gegenteil. Manche Traumata sind einfach zu komplex, um in einer Sitzung vollständig aufgelöst werden zu können. Geben Sie sich in einem solchen Fall einfach einige Tage Zeit, bis Sie sich bereit fühlen, weiterzumachen. Fangen Sie dann beim nächsten Mal wieder ganz von vorn an und gehen Sie immer nur so weit, wie es für Sie erträglich ist.

Physische Glücksgrundlagen schaffen

Bisher haben wir uns ausgiebig damit beschäftigt, wie Sie durch die Arbeit mit Ihren Gedanken und Gefühlen zu mehr Ausgeglichenheit und innerer Harmonie finden können. Dabei sind wir den Erkenntnissen der positiven Psychologie gefolgt und haben uns Wege erarbeitet, deren Ziele zu verfolgen. Wie bereits ganz zu Beginn dieses Buches erwähnt, konzentriert sich die positive Psychologie ausschließlich auf die psychologischen Aspekte der Frage nach dem Glück.

Die medizinische Forschung hat in den letzten Jahrzehnten jedoch eine Menge neuer Erkenntnisse gewonnen, die jene der positiven Psychologie sinnvoll ergänzen, auch wenn beides eigentlich getrennte Forschungsgebiete sind. Deshalb werden wir uns diese Erkenntnisse nun einmal näher anschauen, denn sie malen ein völlig neues Bild von den Vorgängen in unserem Körper und ermöglichen damit auch ein tieferes und neues Verständnis der Psyche. Gleichzeitig zeigen sie auf, dass ein gesunder Körper tatsächlich die Grundlage ist, um überhaupt glücklich sein zu können.

DIE MENSCHLICHE PSYCHE – EIN ZUSAMMENSPIEL AUS DREI GEHIRNEN

Dank der medizinischen Forschung wissen wir nun schon seit einigen Jahren, dass der menschliche Körper tatsächlich nicht nur über ein Gehirn – das Kopfgehirn – verfügt, sondern insgesamt über drei Gehirne. Bei den beiden anderen Gehirnen handelt es sich um das Herz und den Darm, deren Funktion jedoch hinsichtlich der menschlichen Psyche und vielleicht sogar des menschlichen Bewusstseins bis vor Kurzem völlig falsch eingeschätzt wurde. Es wurde nämlich davon ausgegangen, dass das sogenannte

‚Darmgehirn' lediglich für die Steuerung von Verdauungsvorgängen verantwortlich sei. Die Wahrheit könnte jedoch nicht weiter davon entfernt sein.

Bei der Entdeckung des Herzens als eigenständiges Gehirn handelt es sich um die jüngste Erkenntnis der medizinischen Forschung. Die Erforschung dieses Gehirns steht noch ganz am Anfang. Dennoch wissen wir bereits genug, um erkennen und verstehen zu können, wie unsere drei Gehirne zusammenarbeiten. Das menschliche Gehirn, also das Kopfgehirn, verfügt über insgesamt 100 Milliarden Neuronen und ist damit sicherlich die komplexeste unserer Schaltzentralen. Folglich hat es auch die meisten Aufgaben: von der Steuerung der Körperfunktionen bis hin zur Wahrnehmung und allen kognitiven Vorgängen. Wie es um die Beschaffenheit und die wahre Funktion unserer anderen Gehirne bestellt ist, sehen wir uns nun im Detail an.

Das Darmgehirn und das Psycho-Biom

Unser Darmgehirn verfügt über weit mehr Neuronen als das Rückenmark und das gesamte periphere Nervensystem zusammen; es kommt dabei auf eine Gesamtanzahl von 100 Millionen Neuronen. Das Faszinierende am Darmgehirn ist aber, dass es nicht nur aus diesen Neuronen besteht, sondern ohne einen weiteren Mitspieler, mit dem es eine Symbiose eingegangen ist, nicht funktionieren könnte. Dieser andere Mitspieler besteht aus 100 Billionen Bakterien, die unsere Darmflora bilden und ohne die nicht nur unser Darmgehirn nicht richtig arbeiten kann, sondern auch das Kopfgehirn. Doch bevor wir diese Symbiose, die unser Darm mit den Bakterien eingegangen ist, näher anschauen, sollten wir uns zunächst einmal mit dem Darmgehirn selbst befassen. Lange Zeit wurde davon ausgegangen, dass die neuronalen Verknüpfungen des Darmgehirns einzig die Steuerung der Darmperistaltik zur Aufgabe haben. Jedoch wurde diese These auch von Beginn an angezweifelt und das aus gutem Grund, denn es handelt sich hier um ein unglaublich komplexes Nervengeflecht, eingebettet in die Wände des insgesamt neun Meter langen Verdauungstrakts.

Dieses Nervengeflecht bezeichnet man auch als das enterische Nervensystem, kurz ENS. Das ENS verfügt wiederum über eine Verbindung zum sogenannten Vagusnerv, den man auch die Darm-Hirn-Achse nennt. Das ist eine Art Nervenhauptleitung, die im Stammhirn entspringt und direkt zum Darm führt. Über diese Verbindung kommunizieren unser Darm- und unser Kopf-Gehirn. Auch hier wurde zunächst davon ausgegangen, dass über diese Leitung lediglich vom Kopf-Gehirn Befehle zur Regulierung der Verdauung an den Darm gesendet werden. Doch dann stellte sich heraus, dass die Kommunikation über diese Verbindung nicht nur keine Einbahnstraße ist, sondern dass das Darm-Gehirn weit mehr Informationen an das Kopf-Gehirn sendet als umgekehrt. Das spricht gegen die anfängliche Annahme der Mediziner, das Darm-Gehirn solle lediglich die Verdauung steuern und dem Kopf-Gehirn somit Arbeit abnehmen, denn in diesem Fall müsste das Darm-Gehirn keine Informationen an das Kopf-Gehirn senden. Was also hat unser Darm unserem Kopf-Gehirn mitzuteilen? An dieser Stelle kommen wir zur Bedeutung der Darmflora, also der Bakterien, die unseren Darm besiedeln.

Das enterische Nervensystem verfügt nämlich über eine bestimmte Art von Sensoren, sogenannte Chemosensoren, mit deren Hilfe es den Zustand der Darmflora einschätzen kann. Da es für unser gesamtes körperliches System von immenser Wichtigkeit ist, dass hier alles in Ordnung ist, kommuniziert das enterische Nervensystem nun den Zustand dieser Bakterien an unser Kopf-Gehirn. Dieses antwortet dann mit entsprechenden Befehlen, die dafür sorgen sollen, ein optimales Gleichgewicht unserer Darmflora zu erhalten. Die Bakterien, aus denen die Darmflora besteht, produzieren im Darm nämlich die Grundbausteine für bestimmte Neurotransmitter, also die Botenstoffe, die unser Kopf-Gehirn benötigt, um Nervenimpulse übertragen zu können. Dabei handelt es sich um die drei wichtigsten Neurotransmitter: Serotonin, Dopamin und GABA.

Das bedeutet: Wenn unsere Darmflora gestört ist, fehlt es als Resultat unserem Kopf-Gehirn an Neurotransmittern, weshalb es nur noch eingeschränkt oder stark gestört arbeiten kann. Das zieht dann wieder Probleme im gesamten System nach sich, denn ist eine Komponente aus dem Gleichgewicht, gerät alles aus dem Gleichgewicht.

Die Wichtigkeit des Gleichgewichts gerade dieser drei Neurotransmitter hat der Darmflora eine Art Spitznamen eingebracht: das Psychobiom. Die genannten drei Neurotransmitter könnte man nämlich als die Grundlage unserer Psyche und damit natürlich auch unseres Wohlbefindens bezeichnen. Deshalb sehen wir uns nun einmal an, was die Aufgabe dieser einzelnen Botenstoffe ist und wie sie zusammenarbeiten.

Der bekannteste dieser Stoffe dürfte wohl Serotonin sein, das im Volksmund auch als Glückshormon bezeichnet wird. Dabei ist es Hormon, Neurotransmitter und Botenstoff in einem. Lange Zeit ging die medizinische Forschung davon aus, dass Serotonin im Kopf-Gehirn produziert wird; neueste Forschungen haben jedoch gezeigt, dass ganze 95 % von unserer Darmflora synthetisiert werden. In unserem Kopf-Gehirn ist Serotonin wichtig für eine ungestörte Übertragung von Nervenimpulsen, während es gleichzeitig eine dämpfende Wirkung auf Stresshormone hat. Das macht es unter anderem zu einem Stressgegenspieler.

Somit ist Serotonin hauptverantwortlich dafür, wie gut wir uns entspannen, abschalten und auch einschlafen können. Man könnte auch sagen, mit dem Fehlen oder Vorhandensein von Serotonin steht und fällt unsere Stimmungslage. Doch auch für die Steuerung der Darmperistaltik ist Serotonin von erheblicher Bedeutung und es stellt eine Art Vermittler zwischen unseren drei Gehirnen dar, denn es beeinflusst auch unser Herz-Gehirn, indem es die Kontraktionsfähigkeit unserer Blutgefäße steuert. Zu viel Serotonin würde jedoch ein großes Problem darstellen, denn es handelt sich hier um einen dämpfenden Botenstoff. Ohne einen Gegenspieler, den wir in dem Botenstoff Dopamin finden, würden das Maß an Entspannung ein konstruktives Niveau überschreiten. Somit finden wir in Dopamin die anregende Komponente, die für ein emotionales Gleichgewicht sorgt.

Dopamin regt unsere Motivation an, verstärkt die Konzentrationsfähigkeit, die geistige Leistungsfähigkeit und unsere Emotionen, während Serotonin dafür sorgt, dass diese nicht über das Ziel hinausschießen. Wenn unserem Organismus Dopamin fehlt, dann können Befehle des Kopf-Gehirns zur Steuerung der Muskulatur vom zentralen Nervensystem nicht mehr richtig weitergeleitet werden. Infolgedessen sinkt auch unsere Wahrnehmungsfähigkeit, die Durchblutung der Organe wird vermindert und die Ausschüttung anderer wichtiger Hormone wird gestört oder sogar verhindert. Somit ist unser Körper bei einem Mangel an Dopamin nicht mehr in der Lage, adäquat auf Stress zu reagieren. Gibt es hingegen ein Zuviel an Dopamin, finden wir den Ausweg aus dem Stressmodus nicht mehr. An dieser Stelle wird mehr als deutlich, dass wir nur dann im Gleichgewicht sein können, wenn auch unser Serotonin- und Dopaminhaushalt im Gleichgewicht sind. Somit ist dieses Gleichgewicht bestimmend über unser Empfinden und dadurch die absolute Grundlage allen Glücks!

Es gibt jedoch noch einen weiteren Mitspieler in diesem Spiel ums Gleichgewicht der Hormone und Botenstoffe: GABA. Dabei handelt es sich um einen besonders interessanten Stoff, der in seiner Bedeutung für unser psychisches Wohlbefinden lange Zeit stark unterschätzt wurde und bis heute relativ unbekannt ist. GABA ist ein Akronym und steht für gamma-aminobutyric acid, übersetzt Gamma-Amino-Buttersäure. Es handelt sich hierbei um einen weiteren dämpfenden Neurotransmitter, der insbesondere für die Ausschüttung und Produktion des Schlafhormons Melatonin von Bedeutung ist. Die Regulierung von Stresshormonen, also ein aktives Gegenwirken, fällt ebenfalls in den Bereich von GABA. Die Produktion dieses Neurotransmitters findet jedoch nicht, entgegen der langjährigen wissenschaftlichen Vermutung, im Kopfgehirn statt. Neueste Forschungen haben gezeigt, dass GABA ausschließlich in unserem Darm synthetisiert wird, von bestimmten Bakterien, die Teil unserer Darmflora sind. An dieser Stelle wird deutlich, dass der bedeutendste Faktor für unser psychisches Wohlbefinden tatsächlich die Gesundheit unseres Darms und der Darmflora ist. Wie Sie diese gezielt unterstützen, heilen und stärken können, werde ich noch ausführlich behandeln, vorher sollten wir uns jedoch noch dem dritten unserer Gehirne und seiner Bedeutung für die menschliche Psyche zuwenden: dem Herz-Gehirn.

Das Herz-Gehirn: Dirigent unserer Psyche

Die Tatsache, dass unser Herz ein weiteres ‚Gehirn' ist, wurde von der Wissenschaft erst vor kurzer Zeit entdeckt. Mit gerade einmal 50000 Neuronen erscheint es im Vergleich zu den 100 Milliarden Neuronen des Kopf-Gehirns und den 100 Millionen des Darm-Gehirns zunächst relativ unbedeutend. Doch der erste Blick täuscht, denn die Komplexität der Netzwerke, die von diesen Neuronen gebildet werden, findet sich sonst nur in unserem Kopf-Gehirn.

Diese neuronalen Netzwerke des Herzens verfügen über ähnliche Kapazitäten wie die des Kopf-Gehirns, denn sie sind fähig, zu lernen, zu erinnern und eigene Entscheidungen zu treffen. Doch damit nicht genug, denn die Entscheidungen, die vom Herz-Gehirn getroffen werden, sind nicht nur unabhängig von denen des Kopf-Gehirns, sondern auch in der Lage, sich gegen diese durchzusetzen. Damit verfügt das Herz-Gehirn über Fähigkeiten, die es in die Lage versetzen, zu einer Art Vermittler zwischen allen drei Gehirnen zu werden. Dazu kommuniziert es wie das Darm-Gehirn auch ununterbrochen mit dem Kopf-Gehirn und sendet ebenfalls mehr Informationen, als es empfängt.

Diese Kommunikation findet wieder über eigene Nervenbahnen statt, die ausschließlich für diese Direktverbindung zwischen Kopf und Herz reserviert sind: die sogenannten sympathischen und parasympathischen Nervenfasern oder kurz Sympathikus und Parasympathikus. Der sympathische Nervenstrang ist für die Übertragung und Regulierung anregender Impulse zuständig. Er entspringt direkt der Halswirbelsäule, ein kleines Stück vom Stammhirn entfernt. Der parasympathische Nervenstrang entspringt dagegen dem Vagusnerv, der, wie bereits beschrieben, aus dem Stammhirn kommt und für die Kommunikation zwischen Darm- und Kopf-Gehirn zuständig ist. Er übernimmt die Übertragung und Regulierung dämpfender Impulse. Beide Nervenstränge führen direkt zum Herzen, und das Zusammenspiel aus anregenden und dämpfenden Impulsen, die über diese beiden Nervenbahnen übertragen werden, erzeugt schließlich unseren Herzschlag und damit natürlich auch die Herzfrequenz.

Somit sind die sympathischen Nervenstränge dafür verantwortlich, unsere Herzfrequenz zu steigern. Dies geschieht, indem sie bestimmte Neurotransmitter ausschütten, in diesem Fall Noradrenalin, was wiederum aus Dopamin gebildet wird. Sobald unser Körper in den Stressmodus gerät, werden diese Nervenstränge angesprochen. Beruhigen wir uns wieder und der Stressmodus flaut ab, sind dafür die Gegenspieler verantwortlich, die parasympathischen Nervenfasern. Da diese direkt dem Vagusnerv entspringen, der für die Kommunikation zwischen Darm und Gehirn zuständig ist, kann die Bildung der dafür notwendigen Neurotransmitter so direkt angeregt werden. Wie man sieht, ist unsere Psyche und damit unser Wohlbefinden abhängig von einem sehr empfindlichen Gleichgewicht, das zwischen unseren drei Gehirnen besteht oder bestehen sollte. Das Herz als Taktgeber für sämtliche organischen Funktionen kann dabei mit einer Art Dirigent verglichen werden. Ist das Gleichgewicht zwischen den drei Gehirnen aber gestört, gerät schnell der gesamte Organismus durcheinander, was für den Körper wieder Stress bedeutet.

Wie Sie Ihrem Herz beibringen, für Harmonie im Körper zu sorgen

Unsere Herzfrequenz ist nicht gleichmäßig, sondern schwankt ständig zwischen Erregung und Entspannung, was durch das Zusammenspiel der sympathischen und der parasympathischen Nervenfasern geschieht. Besteht hier ein Gleichgewicht, dann schlägt das Herz in einer harmonischen Frequenz, die sich auf den gesamten Organismus äußerst positiv auswirkt. Diese harmonische Herzfrequenz wird als ‚Herzkohärenz' bezeichnet, und die gute Nachricht ist: Sie können lernen, diese Herzkohärenz jederzeit selbst herbeizuführen.

Damit erhalten Sie ein unglaublich mächtiges Werkzeug, das Sie in die Lage versetzt, Ihr Glück tatsächlich selbst in die Hand zu nehmen. Wenn Ihr Herz nämlich die Kohärenz verliert, kann Ihr Körper auf Stress nicht mehr angemessen reagieren, die Kommunikation zwischen den drei Gehirnen wird empfindlich gestört und dadurch entsteht ein biochemisches Ungleichgewicht, da notwendige Neurotransmitter entweder nicht mehr ausreichend oder zu viel produziert werden. Deshalb sollten Sie sich unbedingt die Zeit nehmen, die folgende Technik zu erlernen. Sie ist einfach und dauert nur wenige Minuten. Wenn Sie geübt sind, genügen sogar dreißig Sekunden, um die Herzkohärenz wiederherzustellen.

Setzen Sie sich nun aufrecht und entspannt hin und schließen Sie Ihre Augen. Lenken Sie Ihre gesamte Konzentration auf Ihr Herz und Ihren Herzschlag. Wenn Sie nicht in der Lage sind, Ihren Herzschlag zu fühlen, was nicht jeder Mensch kann, legen Sie als Hilfestellung eine Hand auf die linke Seite des Brustkorbs. Spüren Sie nun mit voller Konzentration, wie sich Ihr Herzschlag anfühlt: Ist er ruhig oder hektisch, fühlen Sie sich wohl damit, ihn zu spüren, oder bereitet es Ihnen ein ungutes Gefühl? Im letzteren Fall sollten Sie sich zunächst einmal bewusst sagen, dass alles in Ordnung ist und Sie in Sicherheit sind. Atmen Sie einige Male tief ein und aus. Dann beginnen Sie mit einer Visualisierungsübung: Stellen Sie sich vor, Sie würden nicht durch Mund und Nase, sondern durch Ihr Herz einatmen. Visualisieren Sie den Luftstrom, wie er von Ihrem Herzen eingesogen wird, während Sie tatsächlich einatmen. Halten Sie die Luft nun für einige Sekunden an und lassen Sie die Luft dann vor Ihrem geistigen Auge nach unten durch den Körper wandern. Atmen Sie durch Ihren Solarplexus wieder aus. Indem Sie für einige Minuten auf diese Weise atmen, signalisieren Sie Ihrem Herzen, dass Sie in Sicherheit sind. Ihr Herz kommuniziert dies weiter an das Kopf-Gehirn, wodurch das komplexe System der sympathischen und parasympathischen Nervenfasern reguliert und gewissermaßen neu gestartet wird.

Den meisten Menschen gelingt diese Übung auf Anhieb; das bedeutet jedoch nicht, dass dabei nicht auch Probleme auftreten können. Die Hauptursache dafür, dass es Ihnen nicht gelingt, auf diese Art Herzkohärenz herzustellen, findet sich in störenden Gedanken. Solange Ihre Gedanken kreisen, sorgen diese nämlich immer wieder für erneuten Stress und triggern den Stressmodus ständig wieder an. Es ist also ebenso wichtig, dass Sie lernen, Ihre Gedanken zu beherrschen. Sind Sie in der Lage, Ihre Gedanken und Emotionen zu lenken, können Sie damit auch großen Einfluss auf Ihr Herz-Gehirn nehmen. Sollten Sie dabei jedoch auf Schwierigkeiten stoßen, die Sie allein nicht bewältigen können, ist noch nichts verloren. Es gibt sogenannte Herzkohärenztrainings, die von Experten geleitet werden. Auch wenn diese nicht kostengünstig sind, handelt es sich hierbei um eine mehr als lohnende Investition. Das kalifornische HeartMath Institute ist führend auf dem Gebiet der Herzkohärenzforschung und hat auch in Deutschland eine Zweigstelle. Hier finden Sie Experten in Ihrer Nähe, an die Sie sich wenden können. Den Link zur Webseite des HeartMath Institute finden Sie im Quellenverzeichnis dieses Buchs.

DER ERNÄHRUNGSFAKTOR – WELCHE STOFFE IHR KÖRPER ZUM GLÜCKLICHSEIN BENÖTIGT

Nachdem wir nun die körperliche Ebene und die neuesten wissenschaftlichen Erkenntnisse darüber näher betrachtet haben, ist es an der Zeit, sich mit dem Thema Ernährung auseinanderzusetzen. Schließlich benötigt unser Körper eine Vielzahl bestimmter Nährstoffe – nicht nur, um zu funktionieren, sondern vor allem auch, um ein organisches Gleichgewicht beibehalten zu können. Eine ausgewogene und gesunde Ernährung ist somit ein ebenso wichtiger Faktor für Ihr persönliches Glück wie die von der positiven Psychologie erforschten Glückstugenden.

Da dieses Buch aber kein ausschließlicher Ernährungsratgeber sein soll, werde ich mich an dieser Stelle auf die Stoffe konzentrieren, die am wichtigsten für Ihr psychisches Gleichgewicht sind und dabei natürlich auch benennen, welche Lebensmittel sie enthalten. Da die Qualität der industriell erzeugten Nahrung jedoch in den letzten Jahrzehnten ständig abgenommen hat, empfehle ich Ihnen explizit, die im Folgenden vorgestellten Stoffe zusätzlich als Nahrungsergänzungsmittel zu sich zu nehmen, zumindest, wenn Sie aufgrund bestimmter Symptome einen Mangel bei sich selbst feststellen können. Beginnen möchte ich die folgende Liste mit einem Thema, das ich bereits angekündigt habe: mit der Gesunderhaltung Ihrer Darmflora.

Die Darmflora und Probiotika – Wie Sie Ihren Darm heilen und gesund erhalten können

Leider haben die allermeisten Menschen in der westlichen Welt heutzutage eine zumindest stark gestörte Darmflora, und das, ohne es überhaupt zu wissen. Die Ursache dafür findet sich in mehreren Faktoren, von denen der wichtigste unsere Ernährung ist. Sämtliche industriell erzeugten Lebensmittel erhalten mehr oder weniger starke Zuckerzusätze, auch solche, bei denen man es nicht erwarten würde. Unsere Biologie ist aber überhaupt nicht auf diese großen Zuckermengen ausgerichtet und kann sie nicht verarbeiten. Dies kann aber nicht nur zu Übergewicht und Diabetes führen, sondern vor allem zu einem ungebetenen Gast, der sich in unserer Darmflora ansiedelt und sich dort von dem überschüssigen Zucker ernährt: dem Hefepilz Candida. Nun könnte man meinen, es wäre im Grunde gut, wenn sich ein solcher Pilz zu den Bakterien der Darmflora hinzugesellt und dabei hilft, den überschüssigen Zucker zu beseitigen, doch leider ist dem nicht so. Candida verdrängt nämlich die anderen Bakterien der Darmflora, die wir dringend benötigen. Je mehr Nahrung Candida bekommt, desto stärker breitet er sich aus und desto mehr schädigt er die Darmflora. Doch damit nicht genug, er wirkt sich auch auf unser Verhalten aus, denn er sorgt dafür, dass wir einen regelrechten Heißhunger auf Süßes verspüren und ihn so immer weiter füttern. Wenn Sie diesen Pilz in Ihrem Darm haben, muss der erste Schritt zu einer gesunden Darmflora natürlich lauten, ihn loszuwerden. Dies können Sie zum Beispiel erreichen, indem Sie den Pilz schlichtweg aushungern und für mindestens einen Monat vollständig auf Zucker verzichten. Allerdings möchte ich an dieser Stelle eine Warnung aussprechen, denn wenn bereits eine starke Besiedlung Ihres Darms mit Candida gegeben ist, kann diese Methode zu einer echten Tortur werden, da Sie tatsächliche Zucker-Entzugserscheinungen erleben werden, die sehr stark ausfallen können.

Sie werden unter schweren Konzentrationsstörungen leiden sowie unter Kreislaufschwäche, Zittern und starken Kopfschmerzen gepaart mit einem unstillbaren Verlangen auf Süßes. Deshalb ist es besser, wenn Sie zusätzlich etwas einnehmen, um den Pilz abzutöten. Der Zuckerentzug ist dann trotzdem notwendig, jedoch werden die Entzugssymptome auf diese Weise weit weniger stark ausfallen. Auf natürliche Weise können Sie dies mit Grapefruitkernextrakt erreichen, den Sie in der Drogerie, in der Apotheke oder bei Amazon kaufen können.

Eine Alternative sind pharmazeutische Mittel gegen den Pilz, die in ihrer Wirkung weniger sanft sind, ihn dafür aber oftmals mit einer einzigen Behandlung abtöten können. Wenn Sie bei sich einen Candida-Befall des Darms vermuten, sollten Sie am besten mit Ihrem Hausarzt darüber sprechen. Er kann Ihren Stuhl darauf testen lassen, um ganz sicher zu sein, und eine entsprechende Medikation verordnen.

In jedem Fall müssen Sie aber auch nach einer erfolgreichen Behandlung Ihren Zuckerkonsum dauerhaft regulieren, um nicht irgendwann wieder die gleichen Probleme zu bekommen. Es gibt jedoch noch weitere Faktoren, die dafür sorgen, dass die Darmflora aus dem Gleichgewicht gerät oder sogar ganz zerstört wird. Der wohl größte Feind unseres Psychobioms sind nämlich Medikamente, die jeder Mensch im Lauf seines Lebens einmal einnimmt und die leider viel zu häufig verordnet werden, in den allermeisten Fällen sogar vollkommen unnötig. Die Rede ist hier von Antibiotika, die heutzutage bei verschiedenen Infektionen zum Einsatz kommen, meist ohne dass der verordnende Arzt den Patienten über die Folgen aufklärt.

Antibiotika sind Mittel, die gegen bakterielle Infektionen wirksam sind, und zwar weil sie die Eigenschaft haben, sämtliche Bakterien abzutöten. Doch genau das ist leider das Problem mit diesen Medikamenten, sie unterscheiden nicht zwischen ‚guten' und ‚schlechten' Bakterien, sondern vernichten einfach alle. Somit wird die Darmflora durch eine Behandlung mit Antibiotika einmal fast komplett ausgelöscht. Ohne besondere Unterstützung kann sie sich im Anschluss an die Behandlung leider kaum regenerieren und gerät dauerhaft aus dem Gleichgewicht, weshalb sich mit Sicherheit sagen lässt, dass die meisten Menschen in unserer Gesellschaft Probleme mit ihrer Darmflora haben. Im Grunde müsste nach jeder Behandlung mit Antibiotika oder Penicillin eine komplette Darmsanierung durchgeführt werden, doch kaum ein Arzt weist seine Patienten darauf hin. Die Kosten für diese Darmsanierung werden von den Krankenkassen auch nicht getragen, obwohl dies enorm wichtig für die Genesung wäre und langfristig eine Menge Kosten einsparen könnte.

Sollten Sie also noch nie eine Darmsanierung gemacht und irgendwann schon einmal Antibiotika genommen haben, haben Sie hier eine Ihrer wichtigsten Baustellen gefunden. ‚Darmsanierung' hört sich dabei viel komplizierter an, als es ist, denn diese lässt sich relativ einfach bewerkstelligen. Alles, was Sie dafür benötigen, sind sogenannte probiotische Kulturen. Dabei handelt es sich um lebende Bakterienstämme, die Sie in Kapselform einnehmen und auf diese Art in Ihrem Darm ansiedeln können. Erhalten können Sie diese in Drogerien, Apotheken oder über Online-Händler wie Amazon, jedoch rate ich in diesem Fall von den günstigen Drogerieartikeln ab. Diese enthalten meist nicht annähernd genug Kulturen, um Ihre Darmflora tatsächlich regenerieren zu können.

Eine gute probiotische Kur erkennen Sie daran, dass sie mindestens zwanzig verschiedene Bakterienkulturen enthält, mit mindestens zwei Milliarden lebensfähigen Bakterien pro Kapsel. Empfehlenswert ist außerdem, auf den Zusatz von Inulin zu achten, das den Bakterien als Nahrung dient. Besonders zu Beginn, wenn die Darmflora noch stark gestört ist, ist die

Darmschleimhaut noch gar nicht in der Lage, Nährstoffe ausreichend zu resorbieren, weshalb die eingenommenen Bakterien schnell wieder absterben können.

Inulin kann zwar zu Blähungen führen, diese entstehen jedoch hauptsächlich zu Beginn der Behandlung und lassen nach einer Weile wieder nach. Sie sind also kein Zeichen dafür, dass Sie die Behandlung nicht vertragen. Eine solche Darmsanierung sollten Sie, je nach Ausgangszustand Ihrer Darmflora, für mindestens ein bis zwei Monate durchführen. Im Anschluss daran können Sie Ihrem Darm dauerhaft etwas Gutes tun, indem Sie entweder in der halben Dosierung weiterhin regelmäßig probiotische Kulturen einnehmen, oder durch den regelmäßigen Verzehr von echtem Joghurt.

‚Echter Joghurt' sage ich deshalb, weil die allermeisten Joghurtprodukte, die Sie im Supermarkt kaufen können, nur noch verdickte Milch sind, die keinerlei Ernährungswert hat. Joghurt entsteht nämlich nur, indem Milch mit probiotischen Kulturen angereichert und dann über einen längeren Zeitraum erhitzt wird. Das macht Joghurt zu einer ausgezeichneten ‚Darm-Nahrung', doch leider darf die Industrie heute auch solche Produkte als Joghurt bezeichnen, die überhaupt keiner sind. Lesen Sie sich deshalb beim Kauf von Joghurt unbedingt die Inhaltsstoffe auf der Verpackung durch. Wenn dort nichts von probiotischen Bakterienkulturen steht, ist es auch kein echter Joghurt und somit nutzlos.

Die für ihre Wirkung auf die Psyche am meisten unterschätzten Vitamine: D3 und K2

Die meisten Menschen denken bei Vitamin D3 wohl an Osteoporose oder an Winterdepression, während von K2 kaum jemand überhaupt etwas weiß. Die Aufklärung über die Funktion dieser beiden Vitamine und vor allem darüber, wie sie in ihrer Wirkweise zusammenhängen, könnte kaum schlechter sein. Dabei sind dieses Wissen und seine praktische Umsetzung essenziell, sowohl für Ihr physisches als auch für Ihr psychisches

Wohlbefinden. Beginnen wir deshalb einmal mit dem bekannteren der beiden Vitamine, D3, und seinen Aufgaben in unserem Organismus. Es handelt sich bei diesem Stoff um ein sogenanntes ‚Prohormon'. So bezeichnet man die Stoffe, die unser Körper als Grundbausteine benötigt, um Hormone zu produzieren. Somit hat Vitamin D3 keine direkte Wirkung auf den Körper, da es zunächst von diesem umgewandelt werden muss. Dennoch könnte dieser Stoff kaum wichtiger sein für unsere Gesundheit; so spielt er zum Beispiel eine zentrale Rolle bei der Produktion von Serotonin und Dopamin, also der wichtigsten Neurotransmitter, deren Funktion ich bereits erklärt habe. Ein Mangel an diesen Neurotransmittern führt nachweislich zu Depressionen und anderen psychischen Störungsbildern.

Auch für unser kognitives Leistungsvermögen spielt Vitamin D3 eine zentrale Rolle, da unser Gehirn über eine Vielzahl von Rezeptoren für diesen Stoff verfügt. Rezeptoren sind in unserem Gehirn für die Weiterleitung von Nervenreizen verantwortlich. Damit diese Übertragung funktionieren kann, wird der spezielle Stoff benötigt, der sich an den jeweiligen Rezeptor bindet. Sie können sich das vorstellen wie ein Schlüssel-Schloss-Prinzip. Ein Nervenimpuls kommt an einer Rezeptorzelle an, kann von dort aber nur weitergeleitet werden (zum Beispiel an die Muskulatur oder an andere Organe), wenn der Schlüsselstoff, der den Rezeptor öffnet, in ausreichender Menge vorhanden ist. Fehlt dieser Stoff, kann der Reiz nicht weitergeleitet werden. Ein Mangel an Vitamin D3 sorgt also nicht nur für einen Mangel an Serotonin und Dopamin, sondern führt außerdem dazu, dass unser Gehirn nur noch eingeschränkt arbeiten kann. Somit hat er enorme Auswirkungen auf die kognitive Leistungsfähigkeit, das Gedächtnis, das Wohlbefinden und erwiesenermaßen auch auf den Tag-Nacht-Rhythmus und unsere innere Uhr.

Doch damit nicht genug – D3 hat noch weitere, äußerst wichtige Funktionen für unseren Organismus. Unser Immunsystem kann ohne Vitamin D3 überhaupt nicht funktionieren und wird durch einen Mangel daran in seiner Fähigkeit zur Abwehr von Infekten stark eingeschränkt. Zu guter

Letzt möchte ich hier die Funktion nennen, für die das Vitamin wohl am bekanntesten ist: die Steuerung der Calcium-Aufnahme. An dieser Stelle kommen wir auch zu Vitamin K2 und zu der Tatsache, dass ohne K2 Vitamin D3 gar nicht richtig wirken kann. Schlimmer noch: Ist das Verhältnis zwischen D3 und K2 gestört, also zu wenig K2 im Verhältnis zu D3 vorhanden, kommt es zu schädlichen Auswirkungen von D3 auf den Organismus. Vitamin D3 sorgt dafür, dass der Körper Calcium überhaupt aufnehmen kann, K2 wird allerdings benötigt, um das Calcium zu transportieren und zu verwerten. Ist nicht genügend K2 vorhanden, wird Calcium vom Körper in den Gefäßen und Organen eingelagert, und von diesen Calcium-Ablagerungen ist das Gehirn am stärksten betroffen. Dass solche Ablagerungen sich negativ auf die Funktionsfähigkeit des Gehirns auswirken, liegt auf der Hand.

Dies bringt uns nun zum eigentlichen Problem mit diesen beiden Vitaminen, denn es ist selbst mit der ausgewogensten Ernährung unmöglich, ausreichend davon zu sich zu nehmen. Vitamin D3 findet sich in nur wenigen Lebensmitteln und das in viel zu geringer Konzentration, um eine ausreichende Versorgung zu gewährleisten. Hering und Lachs verfügen über geringe Mengen davon, genauso wie Butter und Eier, außerdem Leber, denn D3 wird in der Leber umgewandelt. Doch selbst wenn Sie sich ausschließlich von diesen D3-Trägern ernähren würden, könnten Sie niemals genug davon aufnehmen, ganz zu schweigen davon, dass Sie mit einer solch fettreichen Ernährung ganz neue Probleme erschaffen würden. Vitamin D3 wird vom Organismus selbst gebildet, und zwar über die Haut. Angeregt wird diese Vitamin-D3-Synthese über direkte Sonneneinstrahlung auf die Haut.

Doch hier stoßen wir wieder auf ein gesellschaftliches Problem, denn um auf diese Weise Ihren Organismus mit ausreichend Vitamin D3 versorgen zu können, müssten Sie täglich sechs Stunden lang der Sonne ausgesetzt sein – und das mit kurzer Hose und T-Shirt, damit genügend Haut zur Synthese frei liegt. Außerdem muss dafür ein entsprechender UV-Index von mindestens 3 gegeben sein, der nicht nur im Winter kaum einmal erreicht wird. Selbst an heißen Tagen liegt der UV-Index nur dann im ausreichenden Bereich, wenn die Sonne wirklich scheint.

Kommen wir nun zu K2, bei dem eine ähnliche Problematik herrscht, denn es wird von der Darmflora gebildet. Ist diese gesund, sollte eine ausreichende Versorgung mit dem Vitamin gewährleistet sein, doch wie bereits erklärt, leiden die meisten Menschen an einer mehr oder weniger stark beeinträchtigten oder gar zerstörten Darmflora. Die gute Nachricht ist: Die K2-Versorgung über Lebensmittel ist möglich und es gibt eine weit größere Palette, die diesen Stoff enthält. Dennoch ist auch hier eine ausreichende Versorgung nur über die Ernährung nicht möglich. Sie sollten trotzdem darauf achten, die folgenden Lebensmittel in Ihre tägliche Ernährung einzubauen, um zumindest eine Grundzufuhr von K2 zu gewährleisten: Eidotter, Rinderleber, Hafer, Tomaten, Kartoffeln, Brokkoli, Kopfsalat, Spinat, Kohl, Sojabohnen, grüner Tee, Spargel, Käse und Butter. Auf diese Art können Sie einem Mangel, verursacht durch eine gestörte Darmflora, zumindest entgegenwirken. Trotzdem ist es im Grunde unerlässlich, dem Körper sowohl D3 als auch K2 täglich über Nahrungsergänzungsmittel zuzuführen. An dieser Stelle wird das Thema sehr komplex, denn bezüglich der richtigen Dosierung von D3 scheiden sich die Geister. Es gibt Unmengen an Literatur zu dem Thema sowie zahlreiche Internetseiten, die sich damit befassen, und ich rate Ihnen dringend, sich damit eingehender zu beschäftigen.

Die offizielle Tageshöchstdosis für D3 wird mit 1000 Einheiten pro Tag angegeben, jedoch gibt es zahlreiche Ärzte, Homöopathen und anthroposophische Mediziner, die von viel höheren Dosen sprechen. Ich kann an dieser Stelle nur Empfehlungen aussprechen, die auf eigenen Erfahrungen beruhen. Wie viel D3 Sie tatsächlich benötigen, hängt nämlich von verschiedenen Ausgangsfaktoren ab: Als Raucher brauchen Sie grundsätzlich eine bis zu zehnfache Menge sämtlicher Vitamine und Mineralstoffe, da der Körper sehr viel mehr davon verbraucht, um den schädlichen Auswirkungen des Rauches entgegenzuwirken. Doch auch verschiedene Erkrankungen können den Bedarf an Vitaminen stark erhöhen. Hinzu kommt, dass es sich bei D3 um ein sogenanntes Depot-Vitamin handelt. Der Körper bildet ein Depot mit diesem Stoff als Vorrat und solange dieses Depot nicht voll ist, wird D3 dem Organismus nicht zur Verfügung gestellt. Bei einem Mangel an D3 müssen Sie also zunächst Ihr Depot auffüllen, bevor Sie überhaupt eine Wirkung verspüren werden.

Deshalb beginnt man mit der Einnahme hoher Dosen und geht auf eine Erhaltungsdosis herunter, sobald eine spürbare Wirkung eintritt, was bis zu zwei Monate dauern kann. Aus eigener Erfahrung hat sich für Raucher oder Menschen mit diversen Erkrankungen eine Anfangsdosis von 20 000 Einheiten pro Tag bewährt und eine Erhaltungsdosis von 10 000 Einheiten pro Tag. In Kombination dazu sollte immer die Höchstdosis K2 gegeben werden. Im Handel erhalten Sie inzwischen einige Kombinationspräparate, die sowohl D3 als auch K2 enthalten, jedoch liegt die Konzentration an D3 hier bei den offiziell empfohlenen 1000 Einheiten. Deshalb rate ich dazu, beide Präparate getrennt zu kaufen und individuell zu dosieren. Wenn Sie unsicher bezüglich der Dosierung sind, können Sie bei Ihrem Hausarzt mittels Blutuntersuchung genau feststellen lassen, wie es um Ihren D3-Haushalt bestellt ist. Der Arzt wird dann eine entsprechende Medikation und Dosierung verordnen, jedoch werden die Kosten hierfür nicht von den Krankenkassen übernommen.

Der Vitamin-B-Komplex

Beim Vitamin-B-Komplex handelt es sich um eine ganze Wirkstoffgruppe, die aus insgesamt acht verschiedenen Vitaminen besteht: Thiamin, Riboflavin, Niacin, Pantothensäure, Pyridoxin, Biotin, Folsäure und Cobalamin. Diese acht Vitamine sind unentbehrlich, um die Funktions- und Leitfähigkeit unseres Nervensystems zu gewährleisten, weshalb ein Mangel daran vor allem zu Energielosigkeit, Antriebslosigkeit, Müdigkeit, Erschöpfungszuständen und Konzentrationsproblemen führt. Ihre geistige Leistungsfähigkeit steht und fällt also mit einer ausreichenden Versorgung durch diese Stoffe. Doch auch für den Stoffwechsel sind die Vitamine dieser Gruppe unentbehrlich, denn sie werden für die Umwandlung von Fetten, Proteinen und Kohlehydraten in Energie benötigt.

Wenn Sie Ihren Bedarf an den Vitaminen des B-Komplexes über Ihre Ernährung decken möchten, müssen Sie sich vor allem auf tierische Nahrungsmittel konzentrieren, denn die höchsten Konzentrationen finden sich in Eiern, Milch, Fleisch und Fisch; Vitamin B12 findet sich sogar ausschließlich in tierischen Produkten. Als pflanzliche Lieferanten gelten vor allem Hülsenfrüchte und Vollkornprodukte.

Sollten Sie sich vegetarisch oder vegan ernähren, können Sie Ihren Bedarf an diesen Stoffen also in jedem Fall nur unzureichend über die Ernährung decken, im Falle von B12 sogar gar nicht. Deshalb empfiehlt sich auch hier, auf ein Nahrungsergänzungspräparat zurückzugreifen, das den gesamten Vitamin-B-Komplex abdeckt. Bei einem akuten Mangel, den Sie an den genannten Symptomen erkennen können, rate ich zu einer hochdosierten Kur, die Sie im Handel und in der Apotheke erhalten, meist in Form von Trinkfläschchen. Eine solche Kur können Sie auch über einen längeren Zeitraum von bis zu einem Monat durchführen, da auch hier zunächst die Depots des Körpers aufgefüllt werden müssen.

Organischer Schwefel – MSM

MSM ist die Kurzform von ‚Methylsulfonylmethan' oder ‚Organischer Schwefel'. Dieser Stoff ist für unseren Organismus ein unentbehrlicher Helfer. Er wird für ein intaktes Immunsystem, gesunde Knochen und Gelenke, die Gesunderhaltung der Darmflora und die Entgiftung des Körpers benötigt. Der menschliche Organismus ist jedoch nicht in der Lage, diesen Stoff selbst zu synthetisieren, weshalb wir ihn zwingend von außen zuführen müssen. Damit kommen wir zu dem Grund, aus dem ich MSM hier aufführe, obwohl er sich hauptsächlich indirekt auf Ihre Psyche auswirkt. Die Versorgung mit MSM über die Nahrung bereitet nämlich ähnliche Probleme wie beim Vitamin-B-Komplex bereits angesprochen. Die meisten MSM-Lieferanten sind tierische Produkte, also Milch, Eier und Fleisch; bei pflanzlichen Produkten sind vor allem Zwiebeln, Knoblauch und Bärlauch zu nennen. Doch besteht hier nicht nur das Problem einer möglicherweise ‚ungünstigen' Ernährung, zum Beispiel, wenn Sie Vegetarier oder Veganer sind, sondern der natürliche MSM-Gehalt in sämtlichen Lebensmitteln ist in den letzten Jahrzehnten rapide gesunken und nimmt weiter ab. Dies ist vor allem auf die Überdüngung von Ackerland und die industrielle Verarbeitung unserer Lebensmittel zurückzuführen. Somit können Sie so gut wie sicher davon ausgehen, dass Sie unter einem Mangel an diesem Stoff leiden.

MSM-Produkte als Nahrungsergänzungsmittel werden Sie in Drogerien kaum finden; hier empfehlen sich der Gang zur Apotheke oder das Internet als Bezugsquelle. Bezüglich der Dosierung muss ich an dieser Stelle allerdings eine Warnung aussprechen: Da MSM entgiftend auf den Körper wirkt, kann die Einnahme zu Beginn zu sehr unangenehmen Begleitsymptomen oder Nebenwirkungen führen. Giftstoffe, die Ihr Körper im Fettgewebe eingelagert hat, werden von MSM gelöst und aus dem Körper ausgeleitet, jedoch werden sie zunächst einmal freigesetzt und können so akute Vergiftungserscheinungen auslösen. Deshalb muss die Einnahme von MSM sehr langsam und vorsichtig eingeschlichen werden, um Ihren Organismus nicht zu überlasten. Dafür beginnen Sie mit Kleinstmengen und steigern diese langsam über einen Zeitraum von ein bis zwei Monaten.

Bevor Sie mit der Einnahme von MSM beginnen, sollten Sie sich deshalb am besten genau über diesen Stoff und den Umgang damit informieren, denn es würde den Rahmen dieses Buches sprengen, hier detaillierter auf diese Thematik einzugehen. Im Quellenverzeichnis finden Sie einen Link zu einem Artikel, der Ihnen als guter Einstieg in die Thematik dienen kann.

Allgemeine Ernährungshinweise

Zu guter Letzt möchte ich Ihnen noch einige allgemeine Hinweise mit auf den Weg geben, worauf Sie bei Ihrer Ernährung unbedingt achten sollten. Dass diese möglichst ausgewogen und abwechslungsreich sein sollte, versteht sich von selbst, doch wie wir bereits anhand der bisherigen

Beschreibungen festgestellt haben, lässt sich mit der Ernährung allein unser Bedarf an den meisten wichtigen Stoffen gar nicht mehr decken.

Darüber hinaus können Sie jedoch auch weitere Fehler bei Ihrer Ernährung begehen, die tiefgreifende negative Auswirkungen auf Ihren gesamten Organismus haben, und mit diesen Fehlern möchte ich mich hier noch kurz beschäftigen.

- An allererster Stelle muss ich auf die **negativen Konsequenzen von Zuckerkonsum** hinweisen, denn der übermäßige Verzehr von Zucker ist der sicherste Weg, Ihre Darmflora langfristig zu zerstören. Dabei sollten Sie jedoch bedenken, dass das nicht nur bedeutet, auf offensichtlich gesüßte Lebensmittel wie Süßigkeiten oder Limonade zu verzichten bzw. deren Konsum einzuschränken. Zucker wird heutzutage, ähnlich wie Weizen, nahezu jedem Lebensmittel zugesetzt, auch solchen, bei denen man das niemals erwarten würde.

- **Lesen Sie vor dem Kauf von Lebensmitteln die Liste der Zutaten aufmerksam durch.** Achten Sie dabei nicht nur auf Zuckerzusätze, sondern auch auf den Geschmacksverstärker Natriumglutamat. Neuesten Erkenntnissen zufolge wirkt sich Natriumglutamat nämlich auf das Gehirn wie eine Droge aus, was vermutlich daran liegt, dass Glutamat auch ein Neurotransmitter ist. Es löst starken Stress im Gehirn aus, macht körperlich abhängig und verursacht kognitive Störungen!

- **Verzichten Sie auf industriell hergestelltes Salz aus dem Supermarkt, besonders wenn es Zusätze von Jod und Fluor enthält.** Beide Stoffe sind giftig und verursachen Gesundheitsschäden, und beim günstigen Salz aus dem Handel handelt es sich um Abfallprodukte der Industrie. Greifen Sie stattdessen lieber zu einem Salz aus dem Reformhaus, zum Beispiel Alexandersalz, Himalaja-Salz, Ursteinsalz oder unbehandeltes Meersalz. Diese Salze sind naturbelassen und bieten ein größeres Spektrum an Mineralstoffen. Ihr Körper wird es Ihnen danken.

Glückstraining: Mehr Glück erleben in sechs Schritten

Nachdem wir uns nun ausführlich mit den Grundlagen des Glücklichseins befasst haben, die wir sowohl der positiven Psychologie und der Philosophie als auch dem medizinischen Bereich entnommen haben, ist es an der Zeit, sich der praktischen Umsetzung dieses Wissens zu widmen. Im Grunde geht es nun also um die Frage, wie Sie das in diesem Buch erworbene Wissen so umsetzen können, dass es Ihnen tatsächlich hilft, Ihre Lebensqualität zu steigern und langfristig glücklicher zu werden.

Bei den folgenden sechs Schritten werden wir uns vollkommen auf die Erkenntnisse der positiven Psychologie und die Integration der drei Glückstheorien konzentrieren, denn für die Integration einer optimalen Ernährung als physische Glücksgrundlage benötigen Sie kein gezieltes Training. Genauso lässt sich kein Trainingsplan erstellen, mit dem Sie Ihre Glückstugenden stärken können. Diese sind zum einen individuell, zum anderen müssen Sie sich hier lediglich darauf konzentrieren, die entsprechenden Tugenden, in denen Sie Schwächen aufweisen, gezielt zu trainieren. Es geht im Folgenden also um einen Weg, den Sie ganz unabhängig von Ihren jeweiligen Stärken und Schwächen beschreiten können und sollten.

SCHRITT 1: GLÜCKSTRAINING NACH DEM HEDONISTISCHEN PRINZIP

Bei diesem Schritt geht es darum, gezielt **nach den Dingen zu suchen, die Ihnen Freude bereiten, und Wege zu finden, diese verstärkt in Ihr Leben einzubauen**. Dafür sollten Sie sich zunächst einmal den folgenden Fragen widmen:

Was macht Ihnen Spaß, welche Tätigkeiten oder Erlebnisse erfüllen Sie mit Freude oder erzeugen einen Flow-Zustand für Sie? Finden Sie vier Antworten und tragen Sie diese nun bitte stichwortartig in die folgenden Zeilen ein.

Als Nächstes sollten Sie Ihre **Antworten nach Wertigkeit sortieren**, also die Dinge, Tätigkeiten oder Erlebnisse auswählen, die Ihnen am wichtigsten sind und am meisten Glücksempfinden erzeugen. **Erstellen Sie eine Rangordnung von 1 bis 4, indem Sie in der obigen Liste Ihre Punkte nach Wertigkeit durchnummerieren**. Nun kommen weitere Fragen hinzu, auf die Sie für jeden einzelnen Punkt Antworten finden müssen:

Frage 1: *Welche Möglichkeiten gibt es, diesen Punkt häufiger zu erleben? Auch hier genügen stichwortartige Antworten, die Sie bitte im Folgenden eintragen.*

Punkt 1:

Punkt 2:

Punkt 3:

Punkt 4:

Frage 2: *Wie kann ich das Erleben dieser Dinge oder Tätigkeiten möglichst intensivieren oder in der Häufigkeit steigern?*

Punkt 1:

Punkt 2:

Punkt 3:

Punkt 4:

Frage 3: *Auf welche Art kann ich dem Kompensationseffekt entgegenwirken; wie bringe ich genügend Abwechslung hinein?*

Punkt 1:

Punkt 2:

Punkt 3:

Punkt 4:

Damit haben wir die eine Seite der hedonistischen Medaille abgehakt und die Dinge, die uns Genuss oder Glücksempfinden bringen, herausgearbeitet. Zusätzlich haben wir Wege gefunden, wie wir diese Dinge optimal in unser Leben einbauen und so ihren Effekt noch verstärken können. Doch beim Hedonismus geht es nicht allein um das Streben nach guten Dingen, sondern auch um das Vermeiden negativer Erlebnisse, Erfahrungen und Gefühle. Somit müssen wir uns nun mit der Kehrseite unseres persönlichen Glücks auseinandersetzen und gehen dabei auf die gleiche Art vor. Stellen Sie sich deshalb nun die folgenden Fragen und tragen Sie Ihre Antworten in die vorgesehenen Felder ein. Finden Sie auch hier wieder vier Antworten und nummerieren Sie diese nach Wertigkeit oder Wichtigkeit durch.

Frage 1: *Was bereitet mir Unbehagen, entzieht mir Energie oder tut mir nicht gut? Welche Dinge oder Tätigkeiten möchte ich auf ein Minimum reduzieren?*

***Frage 2:** Was kann ich tun, um diese Sache seltener tun oder erleben zu müssen?*

Punkt 1:

Punkt 2:

Punkt 3:

Punkt 4:

Frage 3: *Gibt es Möglichkeiten, diese Dinge in ihrer Dauer zu reduzieren?*

Punkt 1:

Punkt 2:

Punkt 3:

Punkt 4:

Frage 4: *Auf welche Art lässt sich die Intensität der negativen Gefühle, die von dieser Sache erzeugt werden, minimieren?*

Punkt 1:

Punkt 2:

Punkt 3:

____

____

Punkt 4:

____

____

____

____

____

____

____

____

An dieser Stelle kommen wir zum Abschluss von Schritt 1, dem Glückstraining nach dem hedonistischen Prinzip. Sie sollten sich die von Ihnen ausgefüllten Listen nun ausdrucken oder kopieren und an einem Ort aufhängen, an dem Sie sie möglichst oft sehen, denn schließlich geht es jetzt darum, das, was Sie sich hier theoretisch erarbeitet haben, auch gezielt im wirklichen Leben umzusetzen. Damit der Alltag nicht dafür sorgt, dass dieses Vorhaben schnell wieder in Vergessenheit gerät, haben Sie auf diese Art einen ständigen Reminder.

SCHRITT 2: GLÜCKSTRAINING NACH DEM PRINZIP DER ZIELTHEORIE

Um auch diese Glücksstrategie umzusetzen, ist es notwendig, dass Sie sich Gedanken über lohnende Ziele machen. Diese sollten nach Möglichkeit einige Voraussetzungen erfüllen, z. B. sollte ihre Erreichung nicht länger als maximal ein halbes Jahr in Anspruch nehmen.

Außerdem sollten sie realistisch sein. Das bedeutet, die Möglichkeit, sie zu erreichen, darf nicht von zu vielen Faktoren abhängen, die Sie nicht kontrollieren können. Suchen Sie sich vier Ziele, die Sie in den vorgesehenen Bereich eintragen. Eine Sortierung nach Wichtigkeit ist in diesem Fall nicht notwendig.

Meine vier Ziele für die nächsten sechs Monate:

____
____

____
____

____
____

____
____

Nun kommt der schwierigere Teil. Es geht jetzt darum, sich zu überlegen, mit welchen Teilschritten Sie diese Ziele am besten erreichen können. Überlegen Sie sich dafür pro Ziel mindestens zwei bis vier Meilensteine.

Meilensteine Ziel 1:

____
____

____
____

____
____

____
____

Meilensteine Ziel 2:

____
____

Meilensteine Ziel 3:

Meilensteine Ziel 4:

Anschließend geht es um den Spaßfaktor: Auf welche Art lässt sich der Weg zu den jeweiligen Zielen so genussvoll und spaßbringend wie möglich gestalten?

Spaßfaktor auf dem Weg zu Ziel 1:

Spaßfaktor auf dem Weg zu Ziel 2:

Spaßfaktor auf dem Weg zu Ziel 3:

Spaßfaktor auf dem Weg zu Ziel 4:

Nachdem Sie diese Liste vollständig ausgefüllt haben, sollten Sie vorgehen wie beim Glückstraining Schritt 1. Drucken Sie die Listen aus und hängen Sie sie an einem Ort auf, an dem Sie sie möglichst oft sehen. Gehen Sie nun an die Umsetzung Ihrer Pläne im echten Leben und haken Sie jeden erreichten Meilenstein auf den Listen ab. Auf diese Art können Sie Ihre Erfolgserlebnisse noch steigern und einen weiteren Glücksmoment erleben. Wenn Sie die Listen abgearbeitet haben und dabei tatsächlich Freude hatten, sind Sie frei, diesen Schritt so oft mit neuen Zielen zu wiederholen, wie es Ihnen gefällt.

SCHRITT 3: GLÜCKSTRAINING NACH DEM PRINZIP DER GÜTERTHEORIE

Bei diesem Schritt des Glückstrainings geht es darum, herauszufinden, welche objektiven Güter für Sie am wichtigsten sind und Ihr Leben am meisten bereichern. Dabei kann es sich um bestimmte zwischenmenschliche Beziehungen handeln, um Privilegien, die Sie besonders genießen, um Freiheit in einem bestimmten Bereich, um Ihre Gesundheit oder um andere, nicht materielle Güter. Machen Sie sich nun also Gedanken darüber und tragen Sie die vier wichtigsten objektiven Güter Ihres Lebens in den vorgesehenen Bereich ein. Sortieren Sie wieder nach Wichtigkeit. Sie können hier auch Dinge eintragen, die Ihnen wichtig sind, aber noch nicht Bestandteil Ihres Lebens, immerhin geht es bei diesem Glückstraining darum, nach mehr Glück und Erfüllung zu streben. Fragen Sie sich also auch, in welchen Bereichen Sie gern Verbesserungen erzielen möchten.

Die wichtigsten objektiven Güter meines Lebens:

Nun kommen wir zu der Frage, wie Sie die oben genannten Punkte fester und sicherer in Ihr Leben integrieren können. Bei zwischenmenschlichen Beziehungen könnten Sie zum Beispiel mehr Zeit einplanen, die Sie mit diesen Menschen verbringen wollen, oder überlegen, wie Sie die Gestaltung dieser Zeit qualitativ verbessern können. Im Bereich ‚Gesundheit' könnten Sie sich fragen, was Sie aktiv tun können, um diese zu verbessern.

Was kann ich tun, um Punkt 1 stärker in mein Leben zu integrieren und noch erfüllender zu gestalten?

Was kann ich tun, um Punkt 2 stärker in mein Leben zu integrieren und noch erfüllender zu gestalten?

Was kann ich tun, um Punkt 3 stärker in mein Leben zu integrieren und noch erfüllender zu gestalten?

Was kann ich tun, um Punkt 4 stärker in mein Leben zu integrieren und noch erfüllender zu gestalten?

SCHRITT 4: DEN AUTOPILOTMODUS DEAKTIVIEREN

Das Glück liegt zum allergrößten Teil in den kleinen Dingen des Alltags, die meist unbemerkt an uns vorüberziehen. Der Grund hierfür findet sich vor allem darin, dass wir im Alltagsgeschehen wie im Autopilotmodus funktionieren und unsere Aufmerksamkeit stark eingeschränkt ist. Indem Sie lernen, diesen Autopilotmodus gar nicht erst zu aktivieren und achtsamer zu werden, schalten Sie sich ein großes Potenzial an Glücksmomenten frei. Dabei mag es sich um Kleinigkeiten handeln, die nur für kurze Zeit Glücksgefühle bringen, in ihrer Summe werden sich diese Glücksmomente jedoch äußerst stark auf Ihre allgemeine Zufriedenheit auswirken. Bei diesem Training geht es somit um mehr Abwechslung im Alltag und um mehr Achtsamkeit.

1. Raus aus alten Gewohnheiten. Machen Sie jeden Tag etwas anders! Wenn Sie immer zur gleichen Zeit aufstehen, stehen Sie zukünftig eine halbe Stunde früher auf und nutzen die so gewonnene Zeit für etwas, das Ihnen Freude bereitet oder Ihnen guttut. Variieren Sie diese Zeit täglich und wöchentlich. Drucken Sie sich auch diesen Plan aus und hängen Sie ihn dort auf, wo Sie ihn gleich nach dem Aufstehen sehen können.

Mit welcher Tätigkeit möchte ich die zusätzliche halbe Stunde am Morgen verbringen?

Montag:

___

Dienstag:

___

Mittwoch:

___

Donnerstag:

___

Freitag:

___

Samstag:

___

Sonntag:

___

2. Ändern Sie Ihre Morgenroutine, und zwar regelmäßig, denn der Autopilotmodus setzt im Grunde direkt nach dem Aufstehen ein. Auch hier ist es wichtig, die Routine regelmäßig zu verändern, damit sie dauerhaft durchbrochen wird. Es geht darum, das Auftreten von routinierten Abläufen grundsätzlich zu vermeiden, so gut es möglich ist. Auf diese Art trainieren Sie Ihren Geist, ständig wach und aufmerksam zu bleiben.

3. Planen Sie regelmäßige Genusspausen ein. Diese sollten mindestens zehn Minuten dauern, gern auch länger. Diese Pausen sollten Sie nutzen, um etwas bewusst zu genießen, zum Beispiel eine Tasse Tee oder Kaffee, einen kleinen Snack oder vielleicht einen Spaziergang. Dabei trainieren Sie, so aufmerksam wie möglich zu sein und die Erfahrung mit möglichst vielen Sinnen zu erfassen.

Wenn Sie zum Beispiel spazieren gehen, dann laufen Sie nicht einfach nur. Atmen Sie die frische Luft tief ein und erkunden Sie ihren Geruch und Geschmack. Sehen Sie sich aufmerksam um und beschreiben Sie in Ihrem Geist, was Sie sehen, so detailliert wie möglich. Fühlen Sie Sonne, Wind und Regen auf Ihrer Haut, laufen Sie barfuß durchs Gras und fühlen Sie bewusst, wie der Rasen Ihre Fußsohlen kitzelt, oder nehmen Sie sich Zeit, sich an ein Gewässer zu setzen und Ihre Füße darin zu baden. Nehmen Sie sinnliche Erfahrungen dabei mit allen Sinnen wahr und beschreiben Sie sie in Ihrem Geist. Lernen Sie, wieder bewusst zu genießen, und nehmen Sie sich regelmäßig Zeit dafür!

SCHRITT 5: PROGRESSIVE MUSKELENTSPANNUNG

Im Verlauf dieses Buchs haben wir uns ausführlich damit auseinandergesetzt, was Stress mit Ihrem Körper anstellt und wie er dem Glück im Wege steht. Dabei habe ich auch aufgezeigt, wie wichtig es ist, ein gutes Körpergefühl zu haben, damit Sie überhaupt bemerken, wenn Sie gestresst sind. Gleichzeitig sind eine gute Beziehung zu Ihrem Körper und eine geschulte

Aufmerksamkeit für seine Signale auch sehr wichtig, damit Sie Ihre Gedanken und Gefühle besser kontrollieren lernen können. Um dauerhaft Ihr Körperbewusstsein zu schulen und Ihrem Geist beizubringen, jederzeit auf Körpersignale zu achten, eignet sich die progressive Muskelentspannung ganz hervorragend. Zusätzlich hilft Ihnen die Übung, die ich im Folgenden vorstelle, sich jederzeit vollständig entspannen zu können, was gerade im akuten Stressmodus von unschätzbarem Wert ist. Planen Sie also regelmäßig Zeit für diese Übung ein, die gerade einmal zehn Minuten dauert und für jeden einfach durchführbar ist.

Bedenken Sie bitte außerdem, dass es hier nicht darum geht, wie perfekt Ihnen die Übung gelingt. Gerade die ersten Male haben Sie vielleicht noch Schwierigkeiten dabei und spüren keinen allzu starken Effekt. Mit zunehmendem Training werden Sie jedoch immer leichter entspannen können und immer stärkere und anhaltendere Auswirkungen auf Ihr Allgemeinbefinden feststellen. Sollten Sie zu den Menschen gehören, die unter chronischer Anspannung leiden, kann es übrigens passieren, dass Sie während der Übung plötzlich beginnen, zu weinen. Das ist vollkommen normal und ein Zeichen der Erleichterung. Lassen Sie die Tränen also einfach laufen, bewerten Sie sie nicht und fahren Sie mit der Übung fort. Gleiches gilt für störende Gedanken, die währenddessen auftauchen können: Bewerten Sie diese nicht, sondern lassen Sie sie einfach da sein und vorüberziehen.

Ziehen Sie sich für die Dauer dieser Übung an einen ruhigen Ort zurück, an dem Sie ungestört sind. Der ideale Zeitpunkt ist direkt nach dem Aufstehen oder direkt vor dem Schlafengehen; in Fällen von akutem Stress können Sie die Übung aber natürlich jederzeit durchführen. Setzen Sie sich nun aufrecht und locker hin, schließen Sie die Augen und richten Sie Ihre Aufmerksamkeit nach innen, auf Ihre Füße, die locker auf dem Boden aufliegen. Fühlen Sie, wie diese sich anfühlen, ob Sie Schmerzen oder Anspannung wahrnehmen. Dann beginnen Sie, Ihre Fußspitzen nach oben zu ziehen. Halten Sie diese Position für fünf Sekunden, dann lassen Sie die Fußspitzen langsam wieder nach unten sinken. Fühlen Sie bewusst den

Unterschied zwischen der vorigen Anspannung und der jetzigen Entspannung.

Wandern Sie nun mit Ihrer Aufmerksamkeit weiter in Ihre Unterschenkel und nehmen Sie zunächst bewusst deren Zustand wahr. Dann spannen Sie die Waden für fünf Sekunden an und lösen die Anspannung danach wieder. Konzentrieren Sie sich wieder bewusst auf die unterschiedlichen Gefühle von An- und Entspannung. Lassen Sie Ihre Aufmerksamkeit nun in die Oberschenkel wandern, nehmen Sie auch deren Zustand bewusst wahr und spannen Sie dann die Oberschenkelmuskeln für fünf Sekunden an. Lassen Sie anschließend die Anspannung langsam los und fühlen Sie bewusst den Unterschied. Als Nächstes wandern Sie mit Ihrem Fokus in Ihre Bauchregion. Verweilen Sie dort eine Weile und nehmen Sie wahr, ob Sie irgendwo Schmerzen oder Anspannung feststellen können. Dann spannen Sie Ihre Bauchmuskulatur für fünf Sekunden an und lassen sie anschließend wieder los. Fühlen Sie auch hier wieder bewusst den Unterschied zwischen vorher und nachher.

Die Reise durch Ihren Körper geht nun weiter in Ihre Oberarme. Spannen Sie diese für fünf Sekunden an und lassen Sie dann los. Nehmen Sie sich Zeit, die anschließende Entspannung kurz zu genießen, bevor Sie Ihren Fokus weiterwandern lassen in Ihre Unterarme und Hände. Ballen Sie nun für fünf Sekunden Ihre Hände zur Faust und gehen Sie dann wieder in die Entspannung, die Sie ebenfalls wieder kurz genießen, bevor Sie Ihre Aufmerksamkeit Ihrem Nacken und Kieferbereich zuwenden. Pressen Sie nun fünf Sekunden lang Ihre Zähne fest zusammen und lassen Sie dann wieder los. Genießen Sie die Entspannung und fühlen Sie nun noch einmal durch Ihren gesamten Körper. Zählen Sie dann im Geist langsam rückwärts von fünf bis null und öffnen Sie Ihre Augen wieder. Sie sollten sich nun um einiges frischer, entspannter und wacher fühlen. Dieser Effekt wird sich mit jeder Wiederholung verstärken und festigen, doch die progressive Muskelentspannung hat noch einen weiteren, äußerst positiven Effekt, den ich bisher nicht genannt habe:

Mithilfe dieser Übung konditionieren Sie Ihren Körper nämlich neu. Sie bringen sich selbst damit bei, auf Anspannung automatisch mit Entspannung zu reagieren, was nach einer ausreichenden Anzahl von Wiederholungen voll automatisch ablaufen wird. Das ist besonders hilfreich für Menschen, die bei Stress mit den Zähnen knirschen oder die Kiefer zusammenpressen, was zu einer dauerhaften Belastung werden kann. Auch im Falle chronisch verspannter Nacken- und Schultermuskulatur wird diese Übung langfristig gesehen große Verbesserungen erzielen und somit Ihre Lebensqualität beträchtlich steigern.

SCHRITT 6: FÜHREN SIE EIN DANKBARKEITSTAGEBUCH

Bei diesem Schritt geht es, ähnlich wie in Schritt 4, darum, Ihr Bewusstsein zu schulen. Jeder von uns hat in seinem Leben eine Vielzahl von Dingen, für die er im Grunde dankbar ist oder es zumindest sein könnte, doch allzu oft sind uns diese Dinge entweder nicht ausreichend bewusst oder sie gehen einfach unter. Die meisten Menschen sind sehr stark darauf konditioniert, ihr Bewusstsein auf all das zu konzentrieren, was nicht richtig oder nicht gut ist. Dies ist im Grunde ein natürlicher Mechanismus, denn würden wir dies nicht tun, würden wir viele Probleme gar nicht erkennen und hätten somit auch keine Chance, sie zu lösen. Sie sollen sich auch gar nicht abgewöhnen, negative Dinge bewusst zu bemerken, sondern lediglich zusätzlich lernen, auch all das Gute zu würdigen, das es in Ihrem Leben gibt, und zwar bewusst und regelmäßig. Das Führen eines Dankbarkeitstagebuchs kann dabei eine riesige Hilfe sein und muss außerdem nicht viel Ihrer Zeit in Anspruch nehmen.

Gerade, wenn Sie damit beginnen, ein solches Tagebuch zu führen, wird Ihnen vermutlich nicht viel einfallen, außer vielleicht den Standardantworten wie „meine Familie“, „meine Gesundheit“ und Ähnliches. Das ist nicht schlimm, denn bereits nach wenigen Tagen werden Sie bemerken, wie Ihr Bewusstsein tatsächlich beginnt, seinen Fokus neu auszurichten, wodurch Ihnen täglich immer mehr Dinge auffallen, für die Sie tatsächlich dankbar sind. Deshalb genügt es vollkommen, in der ersten Zeit nur einen bis drei Punkte aufzuschreiben, je nachdem, wie viel Ihnen einfällt. Wichtig ist, dass Sie besonders an schlechten Tagen, wenn es Ihnen einmal nicht gut geht und Ihnen so gar nichts einfallen will, zumindest einen Punkt finden und diesen aufschreiben. Dabei genügt schon eine winzige Kleinigkeit, wie zum Beispiel: „Ich bin dankbar, dass ich jetzt Feierabend habe".

Es geht bei dieser Übung ums Prinzip und wieder einmal darum, sich neu zu konditionieren. Dafür ist es umso wichtiger, dass Sie hier nicht werten. Es ist egal, ob Sie dankbar sind für schönes Wetter oder für etwas Bedeutenderes wie einen Lottogewinn. Es geht lediglich darum, das Gefühl der Dankbarkeit zu einem dauerhaften Bestandteil Ihrer Persönlichkeit zu machen.

Schlusswort – Positivität um jeden Preis?

Am Ende dieser Lektüre möchte ich Ihren Fokus einmal ein wenig vom Glücklichsein weglenken, denn wie ich bereits ganz zu Beginn aufgezeigt habe, birgt die positive Psychologie auch Gefahren in sich. Sicherlich halten Sie mit ihren Erkenntnissen ein sehr mächtiges Werkzeug in der Hand, vor allem, nachdem Sie diesem psychologischen Forschungszweig die Scheuklappen abgenommen und ihn sinnvoll durch Erkenntnisse aus anderen Gebieten ergänzt haben. Sie haben nun ein vollständiges Bild darüber, was glücklich zu sein bedeutet, wie Sie es erreichen können und was dem im Wege steht.

Was wir bisher jedoch nicht besprochen haben, sind die Schattenseiten der ewigen Jagd nach Glück und Erfolg, die in unserer Gesellschaft zum regelrechten Hype geworden ist. Da stellt sich zum einen die Frage nach der Definition von Erfolg, der in Büchern und Artikeln über die positive Psychologie beinahe ausschließlich im beruflichen Sektor gesucht wird. Doch seien wir mal ehrlich, wer sein Glück nur über beruflichen Erfolg definiert, lebt nicht nur am eigentlichen Leben vorbei, sondern geht auch ein immens großes Risiko ein, die ersehnte Erfüllung niemals zu erreichen.

Wir können nun einmal nicht alle eine glänzende Karriere hinlegen, da eine erfolgreiche berufliche Laufbahn von zu vielen Faktoren abhängt, auf die Sie keinerlei Einfluss haben. Hinzu kommt die Gefahr, dass Sie auf diese Art Ihr Selbstwertgefühl zu stark davon abhängig machen, welche Erfolge Sie in diesem Bereich vorzuweisen haben. Außerdem können die Dinge, die nachweislich äußerst wichtig sind für persönliches Glück, wie Familie, Freunde und Gesundheit, beim Streben nach beruflichen Erfolgen allzu leicht auf der Strecke bleiben. Genauso könnten Sie jederzeit einen Unfall erleiden oder sich eine Erkrankung zuziehen, die Sie arbeitsunfähig macht.

Wenn Sie Erfolg also nur über Ihren Beruf definieren, haben Sie in einem solchen Fall keinerlei Chance mehr auf diesen Glücksfaktor. Stellen Sie sich deshalb zum Abschluss einmal die wichtige Frage, was Erfolg für Sie persönlich bedeutet, unabhängig von Ihrer beruflichen Laufbahn. Persönliche Erfolge, die sich außerhalb dieses Sektors bewegen, könnten zum Beispiel eine Weiterentwicklung Ihrer Persönlichkeit sein oder das Überwinden von Ängsten oder persönlichen Schwächen. Ein guter Mensch zu sein, der sich selbst in die Augen blicken kann und von anderen geschätzt wird, kann einer der größten Erfolge überhaupt sein. Fragen Sie sich, was Ihnen auf Ihrem Sterbebett noch tatsächlich wichtig sein wird!

Es gibt neben der Definition von Erfolg noch einen weiteren Punkt, auf den ich Ihre Aufmerksamkeit lenken möchte: Glücklichsein ist nicht alles und es ist ohnehin unmöglich, jederzeit glücklich zu sein. Es wird immer wieder Zeiten in Ihrem Leben geben, in denen Gefühle von Frustration, Enttäuschung, Bitterkeit oder Schmerz vorherrschen, und das ist auch gut und wichtig so! Was wäre Ihr Glück denn noch wert, wenn es dauerhaft und im Überfluss vorhanden wäre? Denken Sie einmal an den Kompensationseffekt – Sie wären so daran gewöhnt, dass kein Dankbarkeitstagebuch dieser Welt Ihnen noch das Gefühl von echtem Glück vermitteln könnte. Warum auch dankbar sein, wenn es nichts Negatives gibt? Die heutige Gesellschaft ist meines Erachtens zu stark darauf geprägt, immer glücklich sein zu wollen. Dies führt dazu, dass negative Gefühle um jeden Preis unterdrückt werden, schlimmer noch, es ist heutzutage beinahe schon politisch unkorrekt, einmal nicht gut drauf zu sein. Ist das wirklich noch der Sinn der Sache?

Denken Sie einmal daran, was Sie in diesem Buch über Ihre Gedanken und Gefühle gelernt haben, nämlich, dass diese einen sinnvollen Daseinszweck haben und sich ohnehin nicht dauerhaft unterdrücken lassen.

Je mehr Sie Ihre dunkle Seite ignorieren und unterdrücken, desto mehr negative Gefühle werden sich anhäufen. Wenn Sie also den Anspruch an sich selbst haben, immer positiv zu sein, können Sie auf Dauer Ihre Authentizität nur vollkommen verlieren und das würde ganz sicher dazu führen, dass Sie nicht mehr glücklich sind. Es ist mehr als anstrengend, sich dauerhaft zu verstellen, und sowohl Ihr Körper als auch Ihre Psyche zahlen einen hohen Preis dafür. Deshalb ist das beste Rezept für ein glückliches Leben, nicht ausschließlich danach zu streben. Akzeptieren Sie das Negative, Ihre dunkle Seite und unangenehme Gefühle genauso wie sämtliche negative Erfahrungen, die Sie in Ihrem Leben machen. Versuchen Sie lieber, aus allem das Beste zu machen. Letzten Endes ist es genau diese Einstellung, die ihren Charakter am stärksten formt.

Mit dieser Lebensphilosophie werden Sie auf jeden Fall Zufriedenheit und Ausgeglichenheit erreichen und auch in den schwierigsten Zeiten in der Lage sein, die Hoffnung nicht ganz zu verlieren.

Mehr noch, Sie werden selbst dann noch Glücksmomente erleben können, wenn Sie gerade traurig sind. Das Leben ist nicht schwarzweiß und sich nur auf eine Seite der Medaille zu konzentrieren, kann Sie nur aus Ihrem inneren Gleichgewicht werfen. Eine Konzentration auf ständiges Wachstum im Bereich der glücksfördernden Charaktereigenschaften – der Glückstugenden – halte ich persönlich für die vielversprechendste Methode, um ein erfülltes Leben zu führen. Deshalb hoffe ich sehr, dass dieses Buch Ihnen dabei helfen konnte, herauszufinden, was für Sie persönlich am wichtigsten ist und wie Sie Ihr Leben für sich so gestalten können, dass Sie Balance und inneren Frieden erreichen.

Quellenverzeichnis

Positive Psychologie allgemein:

- https://www.landsiedel-seminare.de/positive-psychologie/positive-psychologie.html
- https://www.resilienz-akademie.com/resilienz-und-positive-psychologie/

Die drei Glückstheorien der Philosophie:

- https://www.mindyourlife.de/glueck-was-ist-das/

Unsere drei Gehirne:

- https://www.brain-effect.com/magazin/darm-gehirn
- https://www.herzbewusst.de/angina-pectoris-herzinfarkt/so-funktioniert-unser-herz/das-herz-gehirn-neuronen-im-herz
- https://www.dgak.de/eip/media/journal/main_pdf_55_75.pdf
- https://www.scinexx.de/dossierartikel/mehr-als-nur-mechanische-pumpe/

Webseite des HeartMath Institute Deutschland:

- https://www.heartmathdeutschland.de/

Neurotransmitter und Botenstoffe:

- https://dr-bieger.de/gamma-amino-buttersaeure-gaba-neurotransmitter-mit-angst-loesender-wirkung/
- https://neurolab.eu/infos-wissen/wissen/neurotransmitter/dopamin/
- https://www.gesundheit.de/krankheiten/psyche-und-sucht/depressionen/serotonin
- https://www.brain-effect.com/magazin/gluecksshormon-serotonin

Studien:

- Studie der Universität Zürich zum Thema ‚Signaturstärken und Zufriedenheit': https://idw-online.de/de/news499333
- Die Langzeitstudie zur Erwachsenenentwicklung: https://dataverse.harvard.edu/dataset.xhtml?persistentId=doi:10.7910/DVN/48WRX9
- Studie von Baumeister und Leary aus dem Jahre 1995 zur Wichtigkeit sozialer Bindungen: https://www.researchgate.net/publication/15420847_The_Need_to_Belong_Desire_for_Interpersonal_Attachments_as_a_Fundamental_Human_Motivation
- Die Selbstbestimmungstheorie der Motivation von Deci und Ryan: https://link.springer.com/chapter/10.1007/978-3-531-92811-1_6
- Studie zum Thema ‚Vitamin-D-3-Mangel und Zusammenhang mit Depressionen': https://pubmed.ncbi.nlm.nih.gov/25270233/

Wir danken Ihnen für Ihr Interesse und Ihr Vertrauen. Als Dankeschön dafür, haben wir eine besondere Überraschung. Wir haben exklusiv für Sie **„Die 50 besten Tipps, um positiver durchs Leben zu gehen"**. Und diese erhalten Sie vollkommen kostenlos. Das klingt wunderbar? Dann warten Sie nicht lange und holen Sie sich Ihr Gratis-Geschenk.

Hier geht es zu Ihrem Gratis-Geschenk:

https://forms.gle/Und6wXuhFAgdh9d77

1. **Öffnen Sie die Kamera-App auf Ihrem Smartphone und richten Sie die Kamera auf den QR-Code.**
2. **Klicken Sie auf den Link, der Ihnen angezeigt wird und schon werden Sie zur Website weitergeleitet.**

Impressum

Verlag: Orbita Media Verlag GmbH & Co. KG / Ericusspitze 4 / 20457 Hamburg / Deutschland
Website: https://orbita-media.de
Cover Image: Shutterstock
ISBN: 9783989358683

Haftungsausschluss:
Die Nutzung dieses Buches und die Umsetzung der enthaltenen Informationen, Anleitungen und Strategien erfolgt auf eigenes Risiko. Der Autor kann für etwaige Schäden jeglicher Art aus keinem Rechtsgrund eine Haftung übernehmen. Haftungsansprüche gegen den Autor für Schäden materieller oder ideeller Art, die durch die Nutzung oder Nichtnutzung der Informationen bzw. durch die Nutzung fehlerhafter und/oder unvollständiger Informationen verursacht wurden, sind grundsätzlich ausgeschlossen. Rechts- und Schadenersatzansprüche sind daher ausgeschlossen. Dieses Werk wurde sorgfältig erarbeitet und niedergeschrieben. Der Autor übernimmt jedoch keinerlei Gewähr für die Aktualität, Vollständigkeit und Qualität der Informationen. Druckfehler und Falschinformationen können nicht vollständig ausgeschlossen werden. Es kann keine juristische Verantwortung sowie Haftung in irgendeiner Form für fehlerhafte Angaben vom Autor übernommen werden.

Die bereitgestellten Analysen, Vorschläge, Ideen, Meinungen, Kommentare und Texte sind ausschließlich zur Information bestimmt und können ein individuelles Beratungsgespräch nicht ersetzen. Alle Informationen dieses Buches entsprechen dem Kenntnisstand zum Zeitpunkt des Verfassens dieses Buches. Eine Haftung für mittelbare und unmittelbare Folgen aus den Informationen dieses Buches ist somit ausgeschlossen. Informieren Sie sich weitläufig aus unterschiedlichen Quellen und bedenken Sie, dass am Ende nur Sie für die Entscheidungen verantwortlich sind.

Haftung für externe Links
Unser Angebot enthält Links zu externen Websites Dritter, auf deren Inhalte wir keinen Einfluss haben. Deshalb können wir für diese fremden Inhalte auch keine Gewähr übernehmen. Für die Inhalte der verlinkten Seiten ist stets der jeweilige Anbieter oder Betreiber der Seiten verantwortlich. Die verlinkten Seiten wurden zum Zeitpunkt der Verlinkung auf mögliche Rechtsverstöße überprüft. Rechtswidrige Inhalte waren zum Zeitpunkt der Verlinkung nicht erkennbar.

www.ingramcontent.com/pod-product-compliance
Lightning Source LLC
LaVergne TN
LVHW010810051026
849532LV00007B/2506